計量
經濟學

陳昊、袁強
編著

前言
Preface

　　高級計量經濟學是經濟學和管理學等專業研究生的重要必修課之一，它與高級微觀經濟學和高級宏觀經濟學構成經濟理論高級層面上的三門基礎課，對經濟學研究生掌握現代經濟學研究方法，並將其運用於分析現實經濟問題十分重要。然而，國內研究生學習高級計量經濟學普遍遇到的兩個問題是：第一，一些高校依然重傳統觀點下的計量經濟學知識講授；第二，對數學推導過程的畏難情緒造成對學習高級計量經濟學課程的反感甚至厭惡。因此，編寫一本以計量經濟學現代觀點為核心內容，盡可能減輕學生對繁瑣數學推導過程的反感，並突出現代觀點思想的教材，是我們編寫這本教材的初衷。

　　本教材的安排如下：第 1 章導論；第 2 章傳統觀點下的多元線性迴歸模型；第 3 章現代觀點的基本理念和理論基礎；第 4 章現代多元線性迴歸模型；第 5 章聯立方程模型；第 6 章面板數據模型。第 2~6 章後都有本章小結或所涉及的數學推導過程作為附錄，供有興趣的同學進一步參考。

計量經濟學

在本教材的編寫過程中，我們參考了大量國內外學者的計量經濟學教材和相關文獻，在此表示深深的謝意。由於編者水準有限，書中難免存在一些不足甚至錯誤，加之計量經濟學理論和方法日新月異，我們誠懇歡迎學術同仁不吝賜教，以期完善。

陳昊　袁強

目錄 CONTENTS

第1章 導論 1
   1.1 計量經濟學概念 1
   1.2 計量經濟學研究 2
   1.3 計量經濟學現代觀點 3
   1.4 本書主旨和內容 3

第2章 傳統觀點下的多元線性迴歸模型 5
   2.1 多元線性迴歸問題的提出 5
   2.2 傳統觀點下基本模型的設定 8
   2.3 基本模型下的基本問題 9
   本章附錄 13

第3章 現代觀點下的基本理念和理論基礎 22
   3.1 現代觀點問題的提出 22
   3.2 現代觀點的基本理念 23
   3.3 現代觀點的理論基礎 24
   本章附錄 26

第4章 現代多元線性迴歸模型 32
   4.1 正確設定下的多元迴歸 32
   4.2 內生性問題 37
   4.3 工具變量與二階段最小二乘（2sls） 40

4.4　二階段最小二乘法的理論 ……………………………………… 45

　　本章附錄 ……………………………………………………………… 50

第 5 章　聯立方程模型 …………………………………………………… 56

　　5.1　基本概念與模型 …………………………………………………… 56

　　5.2　聯立方程的估計和檢驗 …………………………………………… 59

　　5.3　聯立方程模型的可識別問題 ……………………………………… 63

　　本章附錄 ……………………………………………………………… 69

第 6 章　面板數據模型 …………………………………………………… 72

　　6.1　基本概念 …………………………………………………………… 72

　　6.2　隨機效果方法 ……………………………………………………… 75

　　6.3　固定效果方法 ……………………………………………………… 76

　　6.4　一階差分方法 ……………………………………………………… 77

　　6.5　隨機效果、固定效果和一階差分的比較 ………………………… 78

　　6.6　其他專題 …………………………………………………………… 80

　　本章附錄 ……………………………………………………………… 85

參考文獻 …………………………………………………………………… 87

第 1 章
導論

1.1 計量經濟學概念

  計量經濟學是一門通過數據分析揭示經濟活動中客觀存在的經濟變量間數量關係的經濟學科。它與經濟理論(微觀經濟學、宏觀經濟學)和經濟思想史共同構成經濟學的三大基礎課程。自 20 世紀 90 年代尤其是進入 21 世紀以來,中國經濟學研究對計量經濟學理論和方法的依賴程度逐漸加深,幾乎所有高校的經濟學相關專業都要求必修計量經濟學課程,國內學者利用計量經濟學工具發表論文的比重大幅提升,因而計量經濟學也被認為是與微觀經濟學、宏觀經濟學並列的經濟學課程「三駕馬車」之一。

  計量經濟學是一門理論性很強的學科。縱觀計量經濟學發展歷史,我們可以看到,所有計量方法與檢驗手段,最初都來源於經濟學家們一篇篇經典的理論性文章。這些文章有的創造了新的迴歸與檢驗手段,有的發現了現有迴歸與檢驗技術的不足,有的對計量技術進行了改進與發展,它們共同推動計量經濟學理論不斷向前突破,推動我們對計量經濟學世界的認知一分一毫地增長,從而指導計量實踐逼近更加科學、精確的目標。從這個意義上說,計量經濟學理論是整個計量經濟學課程和研究的基礎。

  計量經濟學同時也是一門實踐性很強的學科。隨著計算機和信息技術的快速發展,統計、數值計算的理論和技術也相應提高。許多原來只能停留在理論層面上討論的問題和不符合傳統模型要求的數據,如非線性、不可觀測性、非平穩數據等特殊數據,在現代計量經濟理論和技術分析的框架下有了廣泛的實際應用並取得了巨大成功。越來越多的理論融入方法和技術實踐之中,甚至被方法和技術取代。從這個意義上說,計量經濟學實質上也是一門數據分析的技術。當然它不再僅僅滿足於進行幾十個或幾百個數據的小樣本

計量經濟學

分析,而是被成千上萬甚至更大流量的大數據取代,並由此引導產生出一門新的學科——數據挖掘。數理與計量經濟學最頂尖的雜誌 *Econometrica* 首期導言中曾直接指出,「經驗表明,統計學、經濟理論和數學對理解現代經濟生活的定量關係來說都是必需的,但其中任何單獨一種都不夠充分。三者結合才強有力,而計量經濟學正是這三者的結合」,可見計量經濟學對認知經濟現象、研究經濟問題是十分重要的。

1.2 計量經濟學研究

把現實經濟問題轉化為計量問題,是進行計量經濟學研究的前提和基礎。現實經濟問題是用語言表述的,而計量經濟的問題則是用符號和模型表述的,通過事物之間的因果關係將它們聯繫起來,是計量經濟學解決現實問題的首要步驟。

在現實當中,事物間大量的聯繫以因果關係(causal relationship)的形式存在,而多個事物之間的因果關係則形成事物發展的因果鏈條。如果因果關係以量的形式表現出來,那麼這種量與量之間的因果關係在經濟學領域就是計量經濟所要研究的對象,如價格與需求供給的關係、收益與成本的關係、收入與消費的關係、資本、勞動與產出的關係、工資與就業的關係等。從哲學角度來看,事物都是普遍聯繫的,但計量經濟學關注這些聯繫中突出地表現出因果關係的那些變量。

為什麼要用數據研究經濟變量之間的關係?這主要基於三個理由:第一,可以驗證理論與實際是否相符,理論能不能解釋現實,為經濟理論提供數據支撐。第二,從相關數據中揭示經濟變量間的內在聯繫和定量規律。第三,通過事後的數據分析,為制定政策提供依據或對已經實施的政策進行效果評價,從而預測、預警未來經濟發展的趨勢。需要注意的是,通過數據和理論相結合的方法研究經濟規律並非計量經濟學獨有的,但是計量經濟學研究既不是會計記帳、統計報表,也不是演繹推理和邏輯推導。它是一種建立在事實數據和經濟理論基礎上的經濟分析方法,通過數據和一類特定的模型揭示經濟變量間的因果關係,並由此進行統計推斷(估計和檢驗)來驗證(證實或證偽)模型的合理性。因此計量經濟學研究一般分為如下六個步驟:第一,建立命題;第二,根據命題收集相關數據;第三,建立模型;第四,診斷、修改和反饋;第五,模型確認;第六,運用模型進行政策分析、評價、預測和預警等。其中在建立模型的步驟中,就涉及傳統觀點與現代觀點的差異。圖1.1展示了計量經濟學研究的一般步驟。

當然,如何把現實中的問題轉化為計量經濟學要處理的問題,除了一般的理論指導之外,更重要的是實踐,並在實踐中不斷提高。歸根究柢,計量經濟學研究是一個實踐過程,構建模型則是非常藝術化的工作。

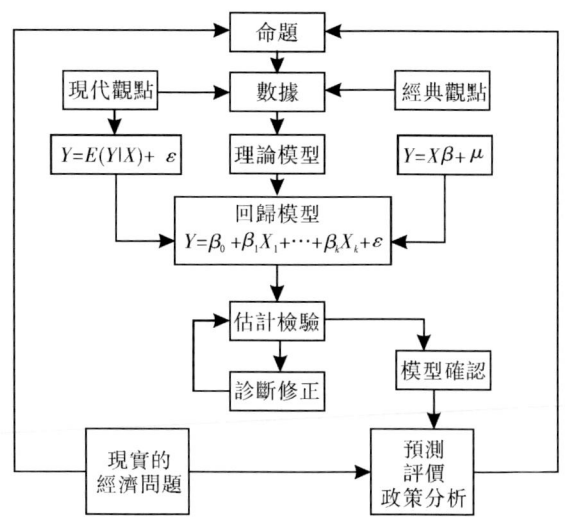

圖 1.1　計量經濟學研究的一般步驟

1.3　計量經濟學現代觀點

　　事實上很難清晰指出計量經濟學現代觀點和傳統觀點的所有區別,在很多問題上(例如模型的檢驗)傳統觀點與現代觀點存在共通之處,本書後面的內容將著重介紹計量經濟學現代觀點的豐富內涵。簡而言之,現代觀點強調數據本位,因此現代觀點要求從實際數據出發,建立相應的理論模型和採用適應數據要求的統計理論和方法,而不再像傳統觀點那樣,要求數據滿足理論模型的假定條件。

　　但是需要提醒的是,現代觀點與傳統觀點絕不僅僅是思想意識上的差異,這種差異將貫穿計量經濟學研究的六個步驟。事實上,從建立命題開始,現代觀點可能就與傳統觀點站在不同的角度認知這個經濟世界。此外,現代觀點要求全方位的知識組合,包括經濟學基礎知識(微觀經濟學與宏觀經濟學)、數學基礎知識(微積分、線性代數、概率論)、計算機基礎知識(Stata、Eviews、Matlab 等軟件使用)。因此可以做這樣的概括:

$$計量經濟學 = 數據 + 理論(模型) + 統計方法$$

1.4　本書主旨和內容

　　本書並不想全面介紹計量經濟學的所有理論和技術操作方法,因為類似教材在國內外已經浩如菸海。本書後面所附參考文獻中的教材,均為當今國內外一流的計量經濟學

讀物，可供讀者選擇學習。本書的主要目標是盡可能提供給讀者一個完整的計量經濟學現代觀點的思想框架，幫助計量工作者進一步意識到現代觀點與傳統觀點的差異。為了達到敘述邏輯性和嚴密性的要求，本書將不可避免地展示一些數學推導工作，但是希望讀者們始終記得思想是第一位的，數學推導始終是為思想服務的，為此我們將複雜的數理推導過程更多地放入每個章節的附錄。另外值得一提的是，本書並不介紹某一種特定計量軟件，事實上很多軟件在功用上已經基本上可以相互替代，因此認為一種軟件優於另一種軟件並沒有太多充足的理由，很多只是研究者的習慣問題。本書所提到的迴歸和檢驗方法，基本上所有計量軟件都能完成，只是繁簡程度不同而已。

　　本書是作為碩士研究生、博士研究生教材設定的，主要參考的是當前美國流行的伍德里奇著的 2005 年版《橫截面與面板數據的經濟計量分析》。伍德里奇這本書是一本以現代觀點寫成的內容豐富的計量經濟學教材，條理清楚，行文流暢，書中習題更使本書增色不少（現已有中譯本）。可以說，本教材就是《橫截面與面板數據的經濟計量分析》上冊的縮寫本。考慮到本科階段計量課程所學內容不太一致，特別安排第二章對傳統觀點的多元迴歸模型做了一個總結。這一章主要供同學們自己閱讀，也可參閱其他的書。安排第二章的內容有兩個作用，一個是為研究生學習提供一個過渡，另一個是為了和現代觀點加以比較。對於已有紮實的初級計量經濟學知識的同學，課程可直接從第三章開始。本教材安排如下：第二章回顧傳統觀點下的多元線性迴歸模型，第三章給出現代觀點下的基本理念和理論基礎，第四章介紹現代觀點下的多元線性迴歸模型，第五章討論聯立方程模型，第六章介紹面板數據模型。

第 2 章
傳統觀點下的多元線性迴歸模型

2.1 多元線性迴歸問題的提出

我們認為，要關注的結果 Y 與 K 個因素有關，$X_1, \cdots, X_k$。另外設定一個截距項 $X_0 \equiv 1$，一般認為這是一個量綱標準化的單位指標，它消除數據 X_i 加上任意常數 c 平移的影響。即凡是對 Y 產生水準效應的因素都被納入 X_0 中。經典的例子是 Mincer 工資方程，討論已婚職業女性的工資 Y (log wage) 與工作經驗 (exper)、工作經驗的外在性作用 (exper^2)、受教育程度 (educ)、該婦女的年齡 (age)、家庭少於 6 個孩子 (kidslt6) 以及家庭中孩子至少 6 歲以上的個數 (kidage6) 有關，最後加上隨機干擾項 u，並建立如下的模型：

$$\log(\text{wage}) = \beta_0 + \beta_1 \text{exper} + \beta_2 \text{exper}^2 + \beta_3 \text{educ} + \beta_4 \text{age} + \beta_5 \text{kidsil6} + \beta_6 \text{kidage6} + u$$

2.1.1 多元線性迴歸命題

這個模型至少可以表達兩方面的信息：第一，要關注的結果是已婚婦女的工資。這是我們進行實證工作的目的，是研究某一因素或某些因素與已婚婦女工資之間的因果關係。第二，選擇影響結果的因素包括工作經驗、受教育程度、婦女的年齡、家庭中孩子的結構與個數。其中還認為工作經驗對工資可能存在非單調（U 型曲線式）影響。但是結果與哪些因素有關並不是絕對的，例如很多工作實例已經證明，在中國影響工資的一個重要因素是政治面貌，此外所在行業、家庭背景、婚姻狀況、單位所有制形式也不能被忽略。結果究竟取決於哪些因素往往取決於實證研究者的知識和研究的目的。對於幾乎所有的實證工作來說，不可能窮盡影響要關注結果的所有因素，只能根據自己的研究目的關注其中一個或

一些因素，而控制其他因素。此外，那些不被關注的因素統統(有意無意地)被放在隨機干擾項中。

2.1.2 多元線性迴歸模型

模型是命題的數學表達，是命題的深化、細化和抽象化。從命題到模型是一個不斷提煉的過程。要建立一個好的模型，取決於我們對命題認識的深入程度和相關的知識儲備。

一般而言，多元線性迴歸模型的基本框架是：

假設 Y 與 $X_1, \cdots, X_k$ 有因果關係。如果觀測的數據來源是：$\widetilde{Y}, Z_1, \cdots, Z_m$，且存在單調連續函數，使得 $Y = f(\widetilde{Y})$，$X_1 = g_1(Z_1, \cdots, Z_m)$，$\cdots$，$X_K = g_K(Z_1, \cdots, Z_m)$，$u = g(\varepsilon)$。那麼，定義多元線性迴歸模型：

$$Y = \beta_0 + \beta_1 X_1 + \cdots + \beta_k X_k + u$$

即：$f(\widetilde{Y}) = \beta_0 + \beta_1 g_1(Z_1, \cdots, Z_m) + \cdots + \beta_k g_K(Z_1, \cdots, Z_m) + g(\varepsilon)$，稱 Y 是關於未知參數 $\beta_1, \beta_2, \cdots, \beta_k$ 的多元線性迴歸模型。這裡 u 是隨機誤差項，$X_1, \cdots, X_k$ 稱為解釋變量，是選定的變量，傳統觀點認為它們是確定變量，有經濟含義。Y 稱為因變量或被解釋變量。

β 代表解釋變量對 Y 的邊際影響。從理論上說，迴歸的本質是驗證因果關係存在，而存在的理由是至少有線性關係。對於絕大多數問題，線性關係就足夠了，如果本身是線性關係，模型設定為非線性、跳躍，都不是好的多元迴歸模型，應該盡量避免。有必要提醒的是，經過數據變換後的迴歸參數，含義也會變得不同。例如 X 取的是真實數據的對數形式，那麼參數 β 代表的就應該是增長率的邊際影響。類似的情況還有很多。

2.1.3 六種主要的線性模型

1. 多項式模型

$Y = \beta_0 + \beta_1 X + \beta_2 X^2 + \cdots + \beta_k X^k + \varepsilon$ 或 $Y = \beta_0 + \beta_1 X_1 + \beta_2 X_2 + \beta_3 X_1 X_2 + \varepsilon$，例如庫茨涅茨曲線或拉弗曲線。在計量經濟工作中，常常遇到的是二項式模型，一般用於展示自變量對因變量存在 U 型或倒 U 型曲線形式的影響。

2. 對數線性模型

對數線性模型在計量經濟學研究，尤其是宏觀計量經濟學研究中使用非常普遍。基本形式為：$\ln Y = \alpha_0 + \alpha_1 \ln X_1 + \cdots + \alpha_k \ln X_k + \varepsilon$。往往認為之所以對變量統一取對數，是為了將處於不同數量的宏觀數據通過對數變換消除異常差距，更重要的經濟意義是，對數線性模型反應變量增長率之間存在因果關係，而不僅僅是變量絕對值之間存在因果關係。

3. 倒數線性模型

$Y = \beta_0 + \beta_1 \dfrac{1}{X_1} + \cdots + \beta_k \dfrac{1}{X_k} + \varepsilon$ 或 $\dfrac{1}{Y} = \alpha_0 + \alpha_1 X_1 + \cdots + \alpha_k X_k + \varepsilon$。例如宏觀經濟學中著名的菲利普斯曲線。倒數線性模型也稱為雙曲線函數模型，主要強調變量的因果呈現反向變動關係。

4.指數線性模型

$\ln Y = \beta_0 + \beta_1 X_1 + \cdots + \beta_k X_k + \varepsilon$，有時候習慣稱之為半對數線性模型，但半對數線性模型實際上還包含 $Y = \beta_0 + \beta_1 \ln X_1 + \cdots + \beta_k \ln X_k + \varepsilon$ 這種情況，含義分別是原因影響結果的增長率，以及原因的增長率影響結果。

5.邏輯線性模型

$\ln\left(\dfrac{Y}{1-Y}\right) = \beta_0 + \beta_1 X_1 + \cdots + \beta_k X_k + \ln\varepsilon$，因果影響的變化過程呈現慢—快—慢趨勢，並且存在飽和，如圖2.1所示。

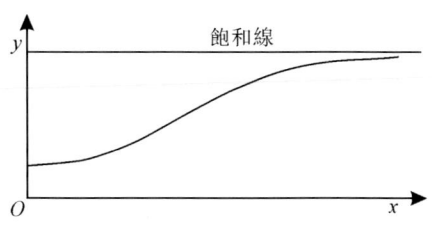

圖2.1　邏輯線性模型

6.虛擬變量模型

需要重點介紹虛擬變量模型，它廣泛應用於宏微觀計量經濟學工作中。現實中存在大量「定性」變量同樣影響我們所關注的結果。例如性別、婚姻狀況、戶籍狀況等都會影響個體工資水準，而這些影響因素都無法用數值來表達。例如「性別」只有「男」或「女」兩種情況，婚姻狀況只有「未婚」「初婚」「再婚」「離異」「喪偶」，「戶籍狀況」只有「非農戶口」「農業戶口」。還有在評價政策分析的效果中，「實行了某政策」等。為了表達這些定性的變量，在計量工作中需要引入虛擬變量。

設 D 是虛擬變量，則 D 描述的是一種狀態，只取1或0為值。1表示受到某種因素影響，0表示沒有受到影響。具體而言有兩種形式：一種是將虛擬變量同樣作為控制變量，和其他自變量一樣引入計量模型，即 $Y = \beta_0 + \beta_1 X_1 + \cdots + \beta_k X_k + \beta_{k+1} D + \varepsilon$。這種形式意味著 D 對 Y 有直接的整體影響，也是我們最常使用的虛擬變量模型形式。另一種是將虛擬變量與某一自變量形成交叉項，即 $Y = \beta_0 + \beta_1 X_1 + \cdots + \beta_i X_i + \cdots + \beta_k X_k + \beta_{k+1} X_i D + \varepsilon$。這種形式意味著 D 通過影響 X_i 影響 Y，比較少見但是在某些問題中具有特定含義。但是在這種形式下，如果 X_i 的影響具有時間特徵，那麼就不宜採用虛擬變量。[①] 此外，任何時候虛擬變量都不應該被大量採用，也得不償失。因為大量以0和1作為信息描述的變量堆積，將帶來迴歸模型產生不可控的問題，破壞迴歸結果的準確性。

總而言之，模型設定是一個非常藝術化的東西。準確的模型設定、合理的變量選擇、

---

①　有些時間序列數據也被當成截面處理，原因是我們對數據的生成或背景並沒有完全瞭解清楚。截面數據是隨機的、獨立不相關，而時間序列數據則具有明顯的時間相關性，這種相關性帶來的內生性一般採用誤差修正模型處理，用虛擬變量來處理就不合適了。第3章提及現代觀點理念時將更容易理解這一點，主要問題是造成虛擬變量迴歸的結果一致性無法保證，誤差大。

精確的數據安排以及事後的假設檢驗，最終到模型的確認能使模型反應的經濟意義更細緻、更明顯，解釋力更強。這是一門需要在實踐中不斷摸索和累積的藝術。

本書中我們總假定從命題到模型可以標準化為如下形式，簡稱為基本模型：

$$Y = \beta_0 + \beta_1 X_1 + \cdots + \beta_k X_k + \varepsilon$$

2.2 傳統觀點下基本模型的設定

基本模型是對因果關係最簡單的量化表述，形式上看由兩部分構成：一部分是確定性關係，由 $\beta_0 + \beta_1 X_1 + \cdots + \beta_k X_k$ 表達；另一部分是不確定性關係，由 ε 表達。其中 $\beta_0, \beta_1, \cdots, \beta_k$ 是未知參數，在不同的模型假定中有不同含義。一般 $\beta_k = \dfrac{\partial Y}{\partial X_k}$ 指的是因素 X_k 對結果 Y 的邊際貢獻。

傳統觀點對模型有如下認定：

第一，$X_1, \cdots, X_k$ 是確定變量，且對 $X_1, \cdots, X_k$ 的觀測不存在誤差，因而它們對 Y 沒有任何隨機性影響。因此任何兩個或多個解釋變量之間沒有線性相關關係，解釋變量和誤差項之間也沒有線性相關關係。傳統觀點暗含變量可控，因此沒有必要考慮估計和檢驗的漸近性質。

第二，如果我們可以對 $X_1, \cdots, X_k$ 觀測 N 次，得到的值就是樣本。且假定樣本數據 $X_1, \cdots, X_k$ 的抽取相互獨立。這個假定排除了樣本數據的豐富性。加上常數截距項，可以把所有觀測數據排成一個 $N \times (K+1)$ 的矩陣，稱為 X 的觀測矩陣：

$$X = \begin{pmatrix} 1 & x_{11} & \cdots & x_{1k} \\ \vdots & \vdots & \ddots & \vdots \\ 1 & x_{N1} & \cdots & x_{Nk} \end{pmatrix}_{N \times (K+1)}$$

傳統觀點認為觀測矩陣的秩等於 $K+1$，即觀測矩陣為列滿秩的矩陣。此意味解釋變量的數據沒有多重共線性。

第三，關於隨機誤差項 ε 並非完全無知。ε 反應的是環境和各種不可預料因素對 Y 產生的隨機影響。因為解釋變量 X 可控，可以認為隨機誤差 ε 不影響 X，且對 Y 的影響是一個小量。[①] 即 $\mathrm{cov}(X_i, \varepsilon) = 0, i = 0, 1, \cdots, k$。此意味解釋變量與隨機誤差項是垂直的。又由於基本模型總會設定一個常數截距項，因此各種不可控水準的平均影響都可以歸入常數項中，為此對隨機項假設 $E(\varepsilon) = 0, \mathrm{var}(\varepsilon) = \sigma^2 > 0$。$\sigma^2$ 一般情況下未知，對數據樣本而言，傳統觀點又假設 $\varepsilon_i \sim N(0, \sigma^2), i = 1, \cdots, n$。根據中心極限定理，抽樣後 ε 服從多元正態分佈，即 $\varepsilon \sim N(0, \sigma^2)$。一般而言，$\varepsilon_i \sim N(0, \sigma_i^2), i = 1, \cdots, n$，即所謂異方差性。

[①] 傳統觀點認為 X 可控，意味著能夠找到所有對 Y 產生顯著影響的 X 放入模型當中，而不存在重要解釋變量的遺漏問題，因此除 X 外對 Y 會產生影響的 ε，顯然既不會影響 X，又只能對 Y 產生很有限的影響，且對 Y 的影響是一個小量。

以上傳統觀點做出的模型都在不同程度上偏離了現實。如認為樣本的抽取相互獨立就是一個很嚴苛的要求,在許多情況下,保持獨立性往往辦不到,樣本有時有群集效應、層次效應、串效應,有時為了某種特殊目的會有意識地選擇相關樣本,從而帶來樣本選擇性偏差等。樣本存在的這些特殊問題,恰恰是現代觀點的計量經濟學需要面對和解決的。首先需要明確,數據是什麼樣就該接受什麼樣,不能隨意假定數據的情況。又如,設定解釋變量與誤差項不相關也沒有依據。同樣,誤差項的樣本同方差和正態性假定也沒有太多必要。這些問題都將在現代觀點框架下得到不同程度的解決。

2.3 基本模型下的基本問題

從技術上講,多元線性迴歸模型主要任務有兩個:第一,通過樣本給出未知參數 $\beta_1,\cdots,\beta_k$ 及方差 σ^2 的估計;第二,給出有關 $\beta_1,\cdots,\beta_k$ 及相關線性組合和方差 σ^2 的統計檢驗。

2.3.1 估計問題的提法

任意取定觀測矩陣 X 和因變量觀測值 $Y = (y_1,\cdots,y_n)'$,設 $\hat{\beta} = \hat{\beta}(X,Y)$ 為樣本 X、Y 的函數,稱 $\hat{Y} = X\hat{\beta}$ 為 Y 的擬合值,$\hat{\varepsilon} = Y - \hat{Y}$ 為殘差值(殘差向量),定義殘差平方和(RSS):

$$\text{RSS} = \hat{\varepsilon}'\hat{\varepsilon} = \sum_{i=1}^{n}\hat{\varepsilon}_i^2 = \sum_{i=1}^{n}(y_i - \hat{y}_i)^2$$

傳統觀點估計問題的提法是:什麼樣的樣本函數能使殘差平方和最小,即 $\min_{\beta \in R^k}\text{RSS}$。

2.3.2 $\hat{\beta}$ 的求解

殘差平方和可以通過如下計算獲得:

$$\hat{\varepsilon}'\hat{\varepsilon} = (Y - X\hat{\beta})'(Y - X\hat{\beta}) = Y'Y - \hat{\beta}'X'Y - Y'X\hat{\beta} + \hat{\beta}'X'X\hat{\beta}$$

最小化殘差平方和得到 $\hat{\beta} = (X'X)^{-1}(X'Y)$,稱其為 β 的普通最小二乘估計,記成 $\text{OLS}\hat{\beta}$。詳細推導見本章附錄。

同樣我們可以討論 $\text{OLS}\hat{\beta}$ 的幾何意義。把 $Y, X_0, X_1, \cdots, X_k$ 理解成 N 維向量空間中的向量,向量 $X_0, X_1, \cdots, X_k$ 組成一個 $K+1$ 維子空間 K,最小二乘估計的幾何意義就是將 Y 投影到 $K+1$ 維子空間上,並且有正交分解:$Y = \hat{Y} + \hat{\varepsilon}$。其中 $\hat{Y} = X\hat{\beta}, \hat{\varepsilon} = Y - \hat{Y}$。

需要說明的是,雖然幾乎在所有的計量教材中,都以 OLS 迴歸作為迴歸擬合方法的介紹起點,但是最小化殘差平方和只是用樣本函數擬合因變量 Y 的其中一種方式,也可以採用其他的標準,例如採取最小化殘差絕對值,即:$\min \sum_{i=1}^{N}|y_i - \hat{y}_i|$。這也同樣可以求得估計 $\hat{\beta}$,只是不再是 $\text{OLS}\hat{\beta}$ 而已。我們需要從概率統計意義上去評價估計的性質。

2.3.3 OLS $\hat{\beta}$ 的性質

從技術上講,對數據而言我們可以找一個多項式函數 $P(x_0, \cdots, x_{k-1})$,把所有樣本光滑地連接起來,這當然是理論上最完美的擬合,但是這個多項式的系數沒有什麼經濟意義。真正有意義的擬合和評價標準是建立在概率統計意義上的,OLS $\hat{\beta}$ 有許多好的統計性質。這也是我們選擇殘差平方和最小化標準而不採用其他標準的原因所在。

關於 OLS $\hat{\beta}$ 性質的證明見本章附錄,這裡只給出結論。

性質 1:OLS $\hat{\beta}$ 是系數真實值 β 的無偏估計,且是殘差 ε 的線性函數,服從正態分佈。

性質 2:OLS $\hat{\beta}$ 是對真實值 β 所有無偏線性類估計中的有效估計,這被稱為高斯-馬爾科夫定理。

需要說明的是,第一,OLS $\hat{\beta}$ 是無偏估計類中的有效估計,對於有偏的估計類並不一定有效。例如存在多重共線性,又不能剔除解釋變量,就常採用嶺迴歸估計,犧牲無偏性來提高有效性。第二,除了無偏性和有效性外,還有一致性、穩健性等許多其他有統計意義的標準。一致性是後面介紹的現代觀點所要求的必須條件,而穩健性標準則在一些特殊模型中非常重要(例如在傾向評分匹配模型中,用穩健性或敏感性分析來保證所得結論不依賴於匹配方法的選擇)。傳統觀點認為樣本總量 N 固定,因而不考慮一致性,這是與現代觀點最大的區別。第三,β 的極大似然估計在基本模型的假定下就是 OLS $\hat{\beta}$。

性質 3:未知參數 β 的方差 σ^2 的估計值 $\hat{\sigma}^2 = \dfrac{\hat{\varepsilon}'\hat{\varepsilon}}{N-K}$ 是 σ^2 的一個無偏一致估計,且 $\dfrac{\varepsilon'\varepsilon}{\sigma^2}$ 服從自由度為 $(N-K)$ 的 χ^2 分佈。其中殘差的估計值 $\hat{\varepsilon}$ 與 $\hat{\beta}$ 相互獨立,由此可導出重要的 F 分佈。

這些證明需要一些數學知識,詳見本章附錄。

2.3.4 關於假設檢驗

計量模型的正確與否不在於你自身的認定,在計量模型中涉及大量假設,包括變量的選擇是否合理,隨機誤差的設定是否恰當,還有變量與誤差不相關是否成立等。這些假設是否合理?能否獲得數據的支持?這些問題可以歸結為對模型中的參數進行統計上的假設檢驗。主要包括兩類:單參數檢驗和參數整體性檢驗。這兩類檢驗的目的都是保證迴歸所得參數估計值具有統計意義上的顯著性,進一步為我們解釋經濟現象服務。

假設檢驗問題的關鍵是:第一,根據問題巧妙建立模型,恰當提出假設命題;第二,尋找樣本統計量,給出命題真時的統計分佈或漸近分佈。

1.假設檢驗問題的一般提法

其實,假設檢驗的思想很簡單,困難在於找到合適的樣本統計量在命題真時的統計分佈。計量模型中,假設檢驗的命題常常歸結為某個參數為零或部分參數為零的檢驗。特別的歸結為未知參數線性組合的檢驗。此時,我們就可以直接應用數理統計中的結論。為了更加直觀給出假設檢驗的思想,這裡做一些說明:

給出的假設命題 H_0,對 H_0 的回答是什麼條件下拒絕 H_0。這當然都有可能判斷失

誤,有兩種可能:一種是H_0為真拒絕了,犯第一類錯誤「去真」;另一種是H_0為假卻不能拒絕,犯第二類錯誤「存偽」。根據奈克-皮爾遜定理,給定的樣本容量N,不可能同時保證犯兩類錯誤的概率都充分小,即任何檢驗方法要降低犯第一類錯誤的概率,必然增加犯第二類錯誤的概率,除非增加樣本容量。

2. 顯著性檢驗問題的提法

顯著性檢驗的目標是把犯第一類錯誤的概率控制在α以下,而不考慮犯第二類錯誤的概率大小。做法是,給定一個顯著性水準α,α為0.01或0.05(一般不超過0.1)這樣的小概率。通過計算統計量$T(x_1, \cdots, x_n)$是否超過由顯著性水準α控制的臨界值決定是否拒絕。

顯著性檢驗的直觀意義是:我們只關注盡可能不要出現如果H_0為真卻拒絕的情況,而如果H_0為假被接受了,後果並不嚴重。例如在基本模型中,$H_0: \beta_i = 0$,命題即使是假的(現實情況是$\beta_i \neq 0$),接受這個命題(認為$\beta_i = 0$)後果不嚴重,因為此時$|\beta_i|$一定很小。但是當進行某類檢驗犯第二類錯誤的後果很嚴重時,顯著性檢驗的思路就不適用了。例如基本模型中某解釋變量的存在有顯著性,但其他解釋變量的設定使得迴歸系數明顯弱化了,導致數據不能拒絕命題,所以有時候還要考慮檢驗的勢V:$V=1-$犯第二類錯誤的概率。為此引入一個更加相對客觀的P值概念:P值度量的是H_0為真時犯第一類錯誤的概率,即$P = \text{prob}(拒絕 H_0 / H_0 為真)$,因此$P$值越小拒絕$H_0$就越放心。

3. 基本模型下的假設檢驗

對基本模型進行的假設檢驗主要分兩類:

(1) 單參數檢驗

在得出參數估計值的迴歸結果後,我們關注的問題是:解釋變量對因變量的邊際影響是否顯著,$X_1, \cdots, X_K$是否可以解釋Y的變化?或者說它們是不是Y的原因。這就需要進行單參數檢驗。常用的方法是t檢驗,原假設是參數不顯著,即參數等於零。如果通過檢驗能夠拒絕原假設(在一定的置信水準下可以認為原假設不真),則完成單參數檢驗,證明自變量對因變量的邊際影響統計顯著。做t檢驗是基本模型必須進行的檢驗。不能拒絕H_0意味著X_i作為解釋Y的原因實際意義不大;但拒絕H_0並不意味著X_i作為解釋Y的原因意義一定就大,有時候需要做進一步的分析。

(2) 參數整體性檢驗

在迴歸方程中,即使每個參數都統計顯著,並不意味著所有自變量在整體上對因變量的影響顯著,因為某些自變量的作用可能相互抵消,於是我們需要對整體參數為0或部分參數為0進行檢驗。此外在某些情況下,需要檢驗一些參數是否滿足特定條件,例如生產函數的一次齊次假定,要求$\ln Y = \beta_0 + \beta_1 \ln K + \beta_2 \ln L + \varepsilon$,$\beta_1 + \beta_2 = 1$中檢驗$H_0: \beta_1 + \beta_2 = 1$等。參數的整體性檢驗可以統一歸結為有關判斷未知參數β的線性方程組的形式:$C\beta = q$。其中C是一個$r \times K$矩陣,$\text{rank}(C) = r$,q是一個$r \times 1$向量。問題就歸結為如何檢驗$H_0: C\beta = q$,$H_1: C\beta \neq q$。常用的方法是F檢驗,當把時間數據作為截面數據處理時,還需要給出DW值(用於檢驗序列相關)。

事實上F檢驗還有很多其他應用,例如進行參數的穩定性檢驗、數據是否存在異常點的檢驗等。最常用到的是利用F統計量進行模型設定的偏誤檢驗和格蘭杰因果關係

檢驗。

建立模型時，如果加入了不必要的解釋變量，可以直接通過 t 檢驗和 F 檢驗將它們排除。但是，如何知道模型中是否存在一些該引入而沒有引入的解釋變量呢？辦法是加入一個或一些替代變量到模型中去。如果這些替代變量可以通過 t 檢驗和 F 檢驗，則可判斷該模型遺漏了某些解釋變量，稱為模型設定的偏誤（RESET）檢驗。替代變量一般選擇 Y 的擬合值的非線性多項式或其他函數形式。例如建立模型：

$$Y = \beta_1 + \beta_2 X_2 + \cdots + \beta_k X_k + \gamma_1 \hat{Y}^2 + \gamma_2 \hat{Y}^3 + \varepsilon$$

如果參數 γ_1 和 γ_2 能通過 t 檢驗和 F 檢驗，則說明模型遺漏了某些應加入的解釋變量。這是因為 $\hat{Y}^2$、$\hat{Y}^3$ 等與 $X_1, \cdots, X_k$ 肯定是線性無關的。注意，模型設定的偏誤檢驗只能幫助判斷是否遺漏了變量，而不能告訴我們遺漏了什麼變量。

格蘭杰因果檢驗在傳統觀點的計量經濟學工作中經常被使用。如果 X 和 Y 是時間序列數據，那麼兩個因素的因果關係邏輯上只有四種：第一，X 是 Y 的原因，且 Y 不是 X 的原因；第二，Y 是 X 的原因，且 X 不是 Y 的原因；第三，X 與 Y 互為因果；第四，X 與 Y 沒有因果關係。格蘭杰因果檢驗的原理是認為前因後果，即原因應該發生在結果之前。所以如果第一種情況成立，那麼 X 的變化應當發生在 Y 的變化之前，則把 X 過去發生的值加入迴歸模型中將有助於顯著增加迴歸解釋 Y 的能力，且 Y 過去發生的值的增加不應當有助於解釋 X。其他情況類似。在現實處理中，滯後項的選擇有時對結果的影響很敏感，不同滯後期可能會得到不同檢驗結果。辦法是多進行幾個不同滯後長度的檢驗，例如以滯後期選擇使模型中隨機誤差不存在序列相關性作為標準。格蘭杰因果檢驗是在建立 VAR 模型時必做的檢驗，屬於時間序列的範疇，本教材不涉及。

無論是單參數檢驗還是參數整體性檢驗，需要明確的是，假設檢驗都通過，即每個參數都統計顯著，且擬合優度和 F 值很高，DW 值在 2 左右，並不一定意味著就是一個好的迴歸模型，有可能是偽迴歸。但是某些參數不顯著，擬合優度和 F 值很低（一般微觀大樣本數據迴歸的擬合優度確實偏低，但 F 不會很低），DW 值遠離 2，就一定意味著這個迴歸模型有問題。打個通俗的比方：發燒一定是身體有問題，但是不發燒並不一定表明身體就健康。

2.3.5 現代觀點的必要性

說完傳統觀點，有必要談談現代觀點，這是本書立意的重點。

從實際應用的角度看，數據的來源是經濟現象中的客觀存在，經濟數據不可能通過多次重複試驗重新獲取，也不可能通過事前設計獲取。無論是解釋變量的測量數據，還是誤差項往往不能滿足基本模型的要求。解釋變量之間的線性相關基本上無法避免，誤差項也基本上不可能服從正態分佈。這些問題導致 OLS 估計不再是一個好的估計，檢驗不再是一個正確的推斷。誤用模型會大大降低估計的精度和檢驗的效率，甚至產生偽迴歸。

傳統觀點主要處理三類問題：多重共線性、異方差、誤差序列相關。傳統觀點只關注這些問題怎麼診斷和修正，而不關心產生這些問題的原因。現代觀點則直接指出產生這些問題的原因，把其歸結為模型設定的問題和數據問題兩大類，並通過嚴格假定的方式，

把這些問題的處理局限在模型適用的範圍之內。換句話說就是不同的問題，不同的假設條件，選擇不同的模型，因此現代觀點的處理更加靈活和實際。

傳統觀點下的三類問題，我們將按現代觀點的方式加以處理，後面的內容將逐漸介紹這些處理方法。傳統的處理方式可參閱其他計量經濟學的參考書，本教材從略。

本章附錄

1. OLS $\hat{\beta}$ 的求解過程

$$\hat{\varepsilon}'\hat{\varepsilon} = (Y - X\hat{\beta})'(Y - X\hat{\beta}) = Y'Y - \hat{\beta}'X'Y - Y'X\hat{\beta} + \hat{\beta}'X'X\hat{\beta}$$

令 $f(\hat{\beta}) = \hat{\varepsilon}'\hat{\varepsilon}$, $\min_{\hat{\beta}R^k} \text{RSS}$ 要求必須滿足一階條件（FOC）：

$$\frac{\partial f(\hat{\beta})}{\partial \hat{\beta}} = \begin{pmatrix} \frac{\partial f(\hat{\beta})}{\partial \hat{\beta}_1} \\ \vdots \\ \frac{\partial f(\hat{\beta})}{\partial \hat{\beta}_k} \end{pmatrix} = 0$$

∵ $XX' = A$ 是一個 $k \times k$ 對稱矩陣

∵ $XX' = A$，且 $\hat{\beta}'X'X\hat{\beta} = \sum_{i=1}^{k}\sum_{j=1}^{k} a_{ij}\hat{\beta}_i\hat{\beta}_j$

∴ $\dfrac{\partial \hat{\beta}'X'X\hat{\beta}}{\partial \beta_t} = \sum_{j=1}^{k} a_{t,j}\hat{\beta}_j + \sum_{i=1}^{k} a_{i,t}\hat{\beta}_i = 2\sum_{i=1}^{k} a_{i,t}\hat{\beta}_i \qquad t = 1, \cdots, k$

∴ $\dfrac{\partial \hat{\beta}'X'X\hat{\beta}}{\partial \beta_t} = 2\begin{pmatrix} \sum_{i=1}^{k} a_{i1}\hat{\beta}_i \\ \sum_{i=1}^{k} a_{i2}\hat{\beta}_i \\ \vdots \\ \sum_{i=1}^{k} a_{ik}\hat{\beta}_i \end{pmatrix} = 2(X'X)\beta$

∴ $\dfrac{\partial f(\hat{\beta})}{\partial \hat{\beta}} = -2X'Y + 2X'X\hat{\beta} = 0_{k \times 1}$

∵ $\text{rank}(X) = k$

∴ $X'X$ 是正定矩陣。

∴ $\text{rank}(X'X) \equiv \text{rank}(XX') \equiv \text{rank}(X) = k$

∴ $X'X$ 可逆，$\hat{\beta} = (X'X)^{-1}X'Y$

2. OLS $\hat{\beta}$ 的性質證明

（1）無偏性證明

$\because \hat{\beta} = (X'X)^{-1} X'Y = (X'X)^{-1} X'(X\beta + \varepsilon) = \beta + (X'X)^{-1} X'\varepsilon$

根據正態分佈的線性變換定理：$\varepsilon \sim N(\mu, \rho)$，則 $A\varepsilon + b \sim N(A\mu + b), A\rho A'$

由 $\varepsilon \sim N(0, \sigma^2 I_N)$，故得：

$(X'X)^{-1} X'\varepsilon \sim N(0, (X'X)^{-1} X' \sigma^2 I_N X (X'X)^{-1}) = N(0, \sigma^2 (X'X)^{-1})$

$\therefore \hat{\beta} \sim N(0, (X'X)^{-1} X' \sigma^2 I_N X (X'X)^{-1}) = N(\beta, \sigma^2 (X'X)^{-1})$

$\therefore E(\hat{\beta}) = \beta + (X'X)^{-1} X' E\varepsilon = \beta$

$\text{cov}(\hat{\beta}) = E[(\hat{\beta} - E(\hat{\beta}))(\hat{\beta} - E(\hat{\beta}))'] = E[(\hat{\beta} - \beta)(\hat{\beta} - \beta)']$

$\qquad = E[(X'X)^{-1} X'\varepsilon \varepsilon' X (X'X)^{-1}] = [(X'X)^{-1} X'] E(\varepsilon \varepsilon') [X (X'X)^{-1}]$

$\qquad = [(X'X)^{-1} X'] \sigma^2 I [X (X'X)^{-1}] = \sigma^2 (X'X)^{-1}$

$\therefore \hat{\beta}$ 是 β 的無偏估計，且是 ε 的線性函數，服從正態分佈。

（2）有效性證明

記 $A = (X'X)^{-1} X'$，則 $\hat{\beta} = AY$。對 $\forall B_{k \times N}$，設 $b = BY$，則 b 代表了 β 的任一線性估計。改寫 $B = A + C_{k \times N}$，則：

$$b = BY = (A + C) X\beta + (A + C) \varepsilon = \beta + CX\beta + (A + C) \varepsilon$$

$\therefore E(b) = \beta + CX\beta$

如果考慮讓 $E(b) = \beta$ 是 β 的無偏線性估計量，則必須有 $E(b) = \beta + CX\beta = \beta$，對於所有真值 β 都成立。其充要條件是 $CX = 0$。因此滿足 $CX = 0, b = BY$ 就代表了 β 的任一線性無偏估計量。

$\therefore b - \beta = (A + C) \varepsilon$

$\therefore \text{cov}(b) = E[(b - E(b))(b - E(b))'] = E[(b - \beta)(b - \beta)']$

$\qquad = E[(A + C) \varepsilon \varepsilon' (A' + C')] = (A + C) E(\varepsilon \varepsilon') (A' + C')$

$\qquad = \sigma^2 (A + C)(A' + C')$

$\because CX = 0$，故 $X'C' = 0$

$\therefore (A + C)(A' + C') = AA' + CA' + AC' + CC'$

$\qquad\qquad\qquad\qquad = (X'X)^{-1} X'X (X'X)^{-1} + CX (X'X)^{-1} + (X'X)^{-1} X'C' + CC'$

$\qquad\qquad\qquad\qquad = (X'X)^{-1} + CC'$

$\therefore \text{cov}(b) = \sigma^2 (X'X)^{-1} + \sigma^2 CC' = \text{cov}(\hat{\beta}) + \sigma^2 CC'$

注意到 CC' 是一個半正定矩陣，所以主對角線上元素 ≥ 0。

$\therefore$ 當且僅當 $b = \hat{\beta}$ 時，$\text{var}(\hat{\beta}_i) = \sigma^2 v_i$ 方差最小。（其中 v_i 是 $(X'X)^{-1}$ 中對角線上第 i 個元素）這就是說，在真值 β 的所有線性無偏估計類 $LUE = \{b: E(b) = \beta, b = BY \forall B\}$ 中，OLS $\hat{\beta}$ 具有最小方差屬性，即 OLS $\hat{\beta}$ 是有效的。

（3）方差 $\hat{\sigma}^2$ 與殘差 $\hat{\varepsilon}$ 的性質證明

$\hat{\sigma} = se = \sqrt{\ } = \sqrt{(y_i - \hat{y}_i)^2}$ 被稱為標準差。

$\because \hat{\varepsilon} = Y - \hat{Y} = X\beta + \varepsilon - X\hat{\beta} = X\beta + \varepsilon - X(X'X)^{-1} X'(X\beta + \varepsilon) = \varepsilon - X(X'X)^{-1} X'\varepsilon$

$\qquad = M\varepsilon$

$(M = I - X(X'X)^{-1}X')$ 容易驗證，$M = M'$ 且 $M = M^2$。

∴ M 是一個對稱冪等矩陣。

∴ M 有性質，特徵根為 0 或 1。

∴ $\hat{\varepsilon}'\hat{\varepsilon} = \varepsilon'M'M\varepsilon = \varepsilon'M\varepsilon$

∴ $E(\hat{\varepsilon}'\hat{\varepsilon}) = E(\varepsilon'M\varepsilon) = E(tr(\varepsilon'M\varepsilon)) = E(tr(M\varepsilon'\varepsilon))$

$\qquad = trE(\varepsilon'M\varepsilon) = tr(\sigma^2 M) = \sigma^2 tr(M)$

$\qquad = \sigma^2 tr(I - X(X'X)^{-1}X') = \sigma^2(tr(I_N) - tr(X(X'X)^{-1}X'))$

$\qquad = \sigma^2(tr(I_N) - tr((X'X)^{-1}X'X)) = \sigma^2(tr(I_N) - tr(I_K))$

$\qquad = \sigma^2(N - K)$

∴ $E(\hat{\sigma}^2) = E\left(\dfrac{\hat{\varepsilon}'\hat{\varepsilon}}{N-K}\right) = \dfrac{1}{N-K}E(\hat{\varepsilon}'\hat{\varepsilon}) = \sigma^2$

因此 $\hat{\sigma}^2$ 是 σ^2 的一個無偏估計證畢。

由上述命題知 $\hat{\varepsilon} = M\varepsilon$，

∴ $\dfrac{\hat{\varepsilon}'\hat{\varepsilon}}{\sigma^2} = \dfrac{\varepsilon'M'M\varepsilon}{\sigma^2} = \dfrac{\varepsilon'M\varepsilon}{\sigma^2} = \left(\dfrac{\varepsilon}{\sigma}\right)'M\left(\dfrac{\varepsilon}{\sigma}\right)$

∵ M 對稱冪等，∴ $\text{rank}(M) = tr(M) = N - K$

∵ M 的特徵根 1 的個數為 $N - K$，又∵ M 為實對稱陣的，必可正交對角化。

∴ 存在正交矩陣 Q，使得 $M = Q'\begin{pmatrix} I_{N-K} & 0 \\ 0 & 0 \end{pmatrix}Q$ 成立。

令 $\xi = Q\left(\dfrac{\varepsilon}{\sigma}\right)$ 則 $\xi \sim N(0,1)$

∴ $\xi_1, \cdots, \xi_N$ 獨立服從標準正態分佈。

∴ $\left(\dfrac{\varepsilon}{\sigma}\right)'M\left(\dfrac{\varepsilon}{\sigma}\right) = \left(\dfrac{\varepsilon}{\sigma}\right)'Q'\begin{pmatrix} I_{N-K} & 0 \\ 0 & 0 \end{pmatrix}Q\left(\dfrac{\varepsilon}{\sigma}\right) = \xi'\begin{pmatrix} I_{N-K} & 0 \\ 0 & 0 \end{pmatrix}\xi$

$\qquad = (\xi'_{(1)} \quad \xi'_{(2)})\begin{pmatrix} I_{N-K} & 0 \\ 0 & 0 \end{pmatrix}\begin{pmatrix} \xi'_{(1)} \\ \xi'_{(2)} \end{pmatrix} = \xi'_{(1)}\xi_{(1)}$

這是 $N - K$ 個獨立標準正態分佈之平方和。由 χ^2 分佈的定義，

∴ $\dfrac{\hat{\varepsilon}'\hat{\varepsilon}}{\sigma^2} = \dfrac{(N-K)S^2}{\sigma^2} \sim \chi^2_{(N-K)}$，即 $\dfrac{\varepsilon'M\varepsilon}{\sigma^2}$ 服從自由度為 $N - K$ 的 χ^2 分佈。證畢。

∵ $\hat{\varepsilon} = M\varepsilon, \hat{\beta} = \beta + (X'X)^{-1}X'\varepsilon$

∴ $\hat{\varepsilon}$ 與 $\hat{\beta}$ 都是 ε 的線性函數，故 $\hat{\varepsilon}$ 和 $\hat{\beta}$ 都服從正態分佈。

由多元正態分佈的性質知，$\hat{\varepsilon}$ 和 $\hat{\beta}$ 相互獨立當且僅當 $\text{cov}(\hat{\varepsilon},\hat{\beta}) = 0$。事實上，

$\text{cov}(\hat{\varepsilon},\hat{\beta}) = E(\hat{\varepsilon} - E(\hat{\varepsilon}))(\hat{\beta} - E(\hat{\beta}))' = E(\hat{\varepsilon}(\hat{\beta} - \beta)')$

$\qquad = E[M\varepsilon((X'X)^{-1}X'\varepsilon)'] = ME[\varepsilon\varepsilon'X(X'X)^{-1}]$

$\qquad = \sigma^2(I - X(X'X)^{-1}X')X(X'X)^{-1} = 0$

∴ $\hat{\varepsilon}$ 與 $\hat{\beta}$ 獨立。又 $\hat{\varepsilon}'\hat{\varepsilon}$ 是 $\hat{\varepsilon}$ 的連續函數，∴ $\hat{\varepsilon}'\hat{\varepsilon}$ 與 $\hat{\beta}$ 獨立。

所以，$\hat{\varepsilon}$ 與 $\hat{\beta}$ 相互獨立證畢。

(4) F 的統計意義

F 分佈有廣泛應用，它的分佈來源於如下問題：

假設檢驗 $H_0 : C\beta = q$，如果命題 H_0 真，那麼模型的實質就是：

$$\begin{cases} Y = X\beta + \varepsilon \\ s.t.\, C\beta = q \end{cases}, 於是 OLS 方法在命題真下的實質是：\begin{cases} \min\limits_{\beta} RSS \\ s.t.\, C\beta = q \end{cases}。$$

我們知道，在無約束條件下的 OLS 估計為 $\hat{\beta}$，那麼在約束條件下的 OLS 估計 $\hat{\beta}^*$ 是什麼？採用拉格朗日乘子法：

$$\min\limits_{\beta} L(\beta) = (Y - X\beta)'(Y - X\beta) + 2\lambda'(C\beta - q)$$

$$\Rightarrow \begin{cases} \dfrac{\partial L}{\partial \beta} = -2X'(Y - X\beta) + 2C'\lambda \\ \dfrac{\partial L}{\partial \lambda} = 2(C\beta - q) = 0 \end{cases} \Rightarrow \begin{cases} X'X\beta + C'\lambda = X'Y \\ C\beta = q \end{cases}$$

$\therefore \beta + (X'X)^{-1} C'\lambda = (X'X)^{-1} X'Y = \hat{\beta}, \Rightarrow \beta = \hat{\beta} - (X'X)^{-1} C'\lambda$ 代入 $C\beta = q$ 中，

得：$C\hat{\beta} - C(X'X)^{-1} C'\lambda = q \Rightarrow C\hat{\beta} - q = C(X'X)^{-1} C'\lambda$，由 C 列滿秩，

$\therefore \lambda = (C(X'X)^{-1} C')^{-1} (C\hat{\beta} - q)$

$\therefore \hat{\beta}^* = \hat{\beta} - (X'X)^{-1} C'\lambda = \hat{\beta} - (X'X)^{-1} C' (C(X'X)^{-1} C')^{-1} (C\hat{\beta} - q)$

$\therefore \hat{\varepsilon}^* = Y - X\hat{\beta}^* = Y - X\hat{\beta} - (X\hat{\beta}^* - X\hat{\beta}) = \hat{\varepsilon} - X(\hat{\beta}^* - \hat{\beta})$ 為約束條件下的殘差向量。

$\therefore \hat{\varepsilon}^{*\prime} \hat{\varepsilon}^* = RSS_{\beta^*} = \hat{\varepsilon}'\hat{\varepsilon} + (\hat{\beta}^* - \hat{\beta})'(X'X)(\hat{\beta}^* - \hat{\beta}) \geq 0$ 為約束條件下的殘差平方和。

注意：$X'\hat{\varepsilon} = X'(Y - X\hat{\beta}) = 0$。又注意到統計量 W 的表達式。

$\therefore \hat{\varepsilon}^{*\prime} \hat{\varepsilon}^* - \hat{\varepsilon}'\hat{\varepsilon} = RSS_{\beta^*} - RSS_\beta = (\hat{\beta}^* - \hat{\beta})'(X'X)(\hat{\beta}^* - \hat{\beta})$

$= [(C\hat{\beta} - q)'[C(X'X)^{-1} C']^{-1} C (X'X)^{-1}] (X'X) [(X'X)^{-1} C'[C(X'X)^{-1} C']^{-1} (C\hat{\beta} - q)]$

$= (C\hat{\beta} - q)'[C(X'X)^{-1} C']^{-1} (C\hat{\beta} - q) = \sigma^2 W$

這是一個正態分佈的二次型。

證明，$X \sim N_p(\mu, \Sigma)$，$\text{rank}(\Sigma) = n$，則 $(X - \mu)' \Sigma^{-1} (X - \mu) \sim \chi_n^2$。

$\because \Sigma = \text{cov}(X), \therefore \Sigma$ 正定。$\Rightarrow \Sigma = PP'$ 且 P 可逆。$\therefore \Sigma^{-1} = (P^{-1})' P^{-1}$

$\therefore (X - \mu)' \Sigma^{-1} (X - \mu) = (X - \mu)'(P^{-1})'(P^{-1})(X - \mu)$

$\qquad\qquad\qquad\qquad = (P^{-1}(X - \mu))'(P^{-1}(X - \mu))$

$\because P^{-1}(X - \mu) \sim N(0, (P^{-1}) \Sigma (P^{-1})') = N(0, (P^{-1}) PP'(P^{-1})') = N(0, I)$

$\therefore P^{-1}(X - \mu)$ 服從標準正態分佈，且分量獨立。$\therefore (X - \mu)' \Sigma^{-1} (X - \mu) \sim \chi_n^2$

令 $X = C\hat{\beta} = \hat{\gamma}, \Sigma = \text{cov}(\hat{\gamma}), \mu = E(\hat{\gamma})$ 代入，

立得 $\hat{\gamma}$ 的二次型 W 服從自由度為 r 的 $\chi_{(r)}^2$ 分佈。

因為 W 的分佈儘管已知，但殘差 $RSS_{\beta^*} - RSS_\beta$ 仍含有未知參數 σ^2，故還不能成為樣本統計量。注意到，$\dfrac{\hat{\varepsilon}'\hat{\varepsilon}}{\sigma^2} = \dfrac{(N - K) S^2}{\sigma^2} = \varepsilon'\left(\dfrac{1}{\sigma^2} M\right) \varepsilon$ 服從自由度為 $N - K$ 的 χ^2 分佈。故 W

與 $\dfrac{(N-K)S^2}{\sigma^2}$ 都服從 χ^2 分佈。若它們彼此獨立，由 F 分佈的定義，則這兩個分佈之比就可以得到一個重要的 F 統計量：

$$F = \dfrac{\dfrac{(\widehat{\gamma}-E(\widehat{\gamma}))'(\operatorname{cov}(\widehat{\gamma}))^{-1}(\widehat{\gamma}-E(\widehat{\gamma}))}{r}}{\widehat{\varepsilon}'\widehat{\varepsilon}/\sigma^2(N-K)}$$

$$= \dfrac{(C\widehat{\beta}-q)'[C(X'X)^{-1}C']^{-1}(C\widehat{\beta}-q)}{S^2 r} \sim F(r, N-K)$$

這是對的。$\widehat{\gamma}$ 的二次型 W 與 $\dfrac{(N-K)S^2}{\sigma^2}$ 相互獨立。

證明：$W = (\widehat{\gamma}-E(\widehat{\gamma}))'(\operatorname{cov}(\widehat{\gamma}))^{-1}(\widehat{\gamma}-E(\widehat{\gamma}))$

$= (C\widehat{\beta}-C\beta)'(\operatorname{cov}(\widehat{\gamma}))^{-1}(C\widehat{\beta}-C\beta)$

$= (\widehat{\beta}-\beta)'C'P'PC(\widehat{\beta}-\beta) = (\varepsilon'A'C'P')(PCA\varepsilon)$

其中 $A = (X'X)^{-1}X'$。

又知 $\dfrac{(N-K)S^2}{\sigma^2} = \dfrac{\widehat{\varepsilon}'\widehat{\varepsilon}}{\sigma^2} = \dfrac{1}{\sigma^2}\varepsilon'M\varepsilon = \left(\dfrac{\varepsilon}{\sigma}\right)'M'M\left(\dfrac{\varepsilon}{\sigma}\right)$

∴ 只要證 $PCA\varepsilon$ 與 $M\varepsilon$ 相互獨立。又由於 $PCA\varepsilon$ 與 $M\varepsilon$ 服從正態分佈，

∴ 只要證 $\operatorname{cov}(PCA\varepsilon, M\varepsilon) = 0$。事實上，∵ $AM = (X'X)^{-1}X'(I - X(X'X)^{-1}X') = 0$，

∴ $\operatorname{cov}(PCA\varepsilon, M\varepsilon) = E[PCA\varepsilon(M\varepsilon)'] = PCAE(\varepsilon\varepsilon') = \sigma^2 PCAM = 0$

最後得：$\dfrac{W/r}{\widehat{\varepsilon}'\widehat{\varepsilon}/\sigma^2(N-K)} = \dfrac{\sigma^2 W/r}{\widehat{\varepsilon}'\widehat{\varepsilon}/(N-K)} = \dfrac{(\mathrm{RSS}_{\widehat{\beta}^*} - \mathrm{RSS}_{\widehat{\beta}})/r}{\mathrm{RSS}_{\widehat{\beta}}/(N-K)} \sim F(r, N-K)$

所以，F 統計量的統計意義是，有線性約束條件下的 OLS $\widehat{\beta}^*$ 與無約束條件下的 OLS $\widehat{\beta}$ 的殘差平方和所構成的殘差形式的樣本函數服從 F 分佈：

$$F = \dfrac{(\mathrm{RSS}_{\widehat{\beta}^*} - \mathrm{RSS}_{\widehat{\beta}})/r}{\mathrm{RSS}_{\widehat{\beta}}/(N-K)} \sim F(r, N-K)。$$

特別，當約束條件為 $\beta_2 = \beta_3 = \cdots = \beta_k = 0$。意即 H_0：所選解釋變量 $X_2, \cdots, X_K$ 整體與 Y 沒有因果關係。那麼，原模型 $Y = X\beta + \varepsilon$ 實質變成：$Y = J\beta_1 + \varepsilon$，$J = \begin{pmatrix} 1 \\ \vdots \\ 1 \end{pmatrix}$。

∴ $\widehat{\beta}^* = \dfrac{1}{n}(1 \cdots 1)Y = \bar{y}$

∴ $\mathrm{RSS}_{\widehat{\beta}^*} = (Y - J\bar{y})'(Y - J\bar{y}) = \sum_{i=1}^{n}(y_i - \bar{y})^2 = \mathrm{TSS}$

∴ $\mathrm{RSS}_{\widehat{\beta}^*} - \mathrm{RSS}_{\widehat{\beta}} = \mathrm{TSS} - \mathrm{RSS} = \mathrm{ESS}$

∴ $\dfrac{\mathrm{ESS}/K-1}{\mathrm{RSS}/(N-K)} = \dfrac{\mathrm{ESS/TSS}}{\mathrm{RSS/TSS}} \dfrac{N-K}{K-1}$

$$F = \frac{R^2}{1-R^2}\frac{N-K}{K-1} \sim F(K-1, N-K), \text{ 或 } R^2 = \frac{\frac{K-1}{N-K}F}{1+\frac{K-1}{N-K}F}$$

這就得到了傳統的擬合優度(決定系數) R^2 與 F 統計量的關係。可以看出，F 是 R^2 的增函數，是 K 的減函數，且 $R^2 \to 1, F \to \infty$。所以，R^2 接近 1，拒絕 H_0 只是說明了原因 $X_2, \cdots, X_K$ 中至少有一個解釋變量能夠解釋結果 Y，而不能說明其他。

3. 假設檢驗實例

假定 $X \sim N(\mu, 1)$，觀測樣本為 $x_1, \cdots, x_n$。$H_0: \mu = 100, H_1: \mu \neq 100$。令 $\alpha = 0.01$，用 $\bar{x}$ 估計 μ，並構造樣本統計量 $S(x_1, \cdots, x_n, \mu) = \sqrt{n}(\bar{x} - \mu)$，有 $\sqrt{n}(\bar{x} - \mu) \sim N(0, 1)$。如果命題 $H_0: \mu = 100$ 為真，則 $\sqrt{n}(\bar{x} - 100) \sim N(0, 1)$，查表得 $\theta_{\alpha/2}$。當 $|\sqrt{n}(\bar{x} - 100)| > \theta_{\alpha/2}$ 拒絕 H_0，認為 $\mu = 100$ 不對，否則不能拒絕 H_0。進一步，$X \sim N(\mu, \sigma^2)$，σ^2 未知。同樣用 $\bar{x}$ 估計 μ，$\hat{\sigma}^2 = \frac{1}{n-1}\sum_{i=1}^{n}(x_i - \bar{x})^2$ 估計 σ^2。

如何構造統計量 $S(x_1, \cdots, x_n, \mu, \sigma^2)$？

$$\because \frac{\bar{x} - \mu}{\sigma/\sqrt{n}} \sim N(0, 1) \quad \frac{(n-1)\hat{\sigma}^2}{\sigma^2} \sim \chi_n^2$$

$$\therefore \frac{\left(\frac{\bar{x} - \mu}{\sigma/\sqrt{n}}\right)}{\sqrt{\frac{(n-1)\hat{\sigma}^2}{\sigma^2}/(n-1)}} = \frac{\bar{x} - \mu}{\left(\frac{\hat{\sigma}}{\sqrt{n}}\right)} \sim t(n-1)$$

所以，若命題 H_0 真，則統計量 $T = \frac{\bar{x} - 100}{\frac{\hat{\sigma}}{\sqrt{n}}} \sim t(n-1)$。查表得臨界值 $t_{\alpha/2}$。當 $\frac{\bar{x} - 100}{\frac{\hat{\sigma}}{\sqrt{n}}} > t_{\alpha/2}$ 時，拒絕 H_0，否則不能拒絕 H_0。

F 檢驗有廣泛的應用。這裡僅舉幾例：

(1) 參數 β 的穩定性檢驗

設同一模型，有兩組獨立不同的觀測：

$Y_1 = X_1\beta + \varepsilon_1$ 設有 N 次觀測； $Y_2 = X_2\alpha + \varepsilon_2$ 設有 M 次觀測。

問：不同的獨立觀測對參數的估計是否有影響？即，原因對結果的定量關係是否穩定？相應的假設檢驗問題是：

$H_0: \alpha_1 = \beta_1, \cdots, \alpha_K = \beta_K$ 即 $(\alpha = \beta)$，H_1: 至少有一個 $\alpha_i \neq \beta_i$。如何檢驗？

構造模型，令 $Y = \begin{pmatrix} Y_1 \\ Y_2 \end{pmatrix}$ $X = \begin{pmatrix} X_1 & 0 \\ 0 & X_2 \end{pmatrix}$ $\varepsilon = \begin{pmatrix} \varepsilon_1 \\ \varepsilon_2 \end{pmatrix}$，

得到 $Y = X \begin{pmatrix} \beta \\ \alpha \end{pmatrix} + \varepsilon$，取 $C = (I_K - I_K)$ $q = 0_{K \times 1}$，

第 2 章　傳統觀點下的多元線性迴歸模型

則 $\text{rank}(C) = K$，且 $C\begin{pmatrix}\beta\\\alpha\end{pmatrix} = \begin{pmatrix}\beta_1\ \alpha_1\\\vdots\\\beta_K\ \alpha_K\end{pmatrix} = q = 0$。得 F 統計量：

$$F = \frac{(\hat{\beta}_1 - \hat{\alpha}_1, \cdots, \hat{\beta}_K - \hat{\alpha}_K)(C(X'X)C')^{-1}(\hat{\beta}_1 - \hat{\alpha}_1, \cdots, \hat{\beta}_K - \hat{\alpha}_K)'}{S^2 K}$$

這裡 $\begin{pmatrix}\hat{\beta}\\\hat{\alpha}\end{pmatrix}$ 是 OLS，$S^2 = \dfrac{\hat{\varepsilon}'\hat{\varepsilon}}{N + M - 2K}$。

知：$F \sim F(K, M + N - 2K)$

∴ 給水準 α，查表得 F_α，當 $F \leq F_\alpha$ 不能拒絕 H_0，表示原因對結果的定量關係 β 是穩定的。於是，可以將兩次獨立觀測聯合起來，構成更大的樣本觀測矩陣 $X = \begin{pmatrix}X_1\\X_2\end{pmatrix}$，從而得到更精確的估計 OLS $\hat{\beta}$。拒絕 H_0，說明兩組觀測有差異。我們在後面的面板數據中討論。

特別，如果設定模型為：

$Y_1 = \mu_1 + \varepsilon_1$ 有 n_1 次觀測；……；$Y_L = \mu_L + \varepsilon_L$ 有 n_L 次觀測。

構造 $Y = \begin{pmatrix}Y_1\\\vdots\\Y_L\end{pmatrix}$　$X = \begin{pmatrix}1_{n_1} & \cdots & \\ \vdots & \ddots & \vdots \\ & \cdots & 1_{n_L}\end{pmatrix}$　$\varepsilon = \begin{pmatrix}\varepsilon_1\\\vdots\\\varepsilon_L\end{pmatrix}$，得 $Y = X\begin{pmatrix}\mu_1\\\vdots\\\mu_L\end{pmatrix} + \varepsilon$。

$H_0: \mu_1 = \cdots = \mu_L = \mu$　　H_1：至少有某一 $\mu_j \neq \mu$。

適當選取 C 和 q，做 F 檢驗。這就是單因素方差分析的內容。不能拒絕 H_0 意味著因素不同水準 $(1, \cdots, L)$ 對結果沒有顯著影響，拒絕 H_0 意味著至少有一個水準對結果有顯著性影響。

（2）異常點的檢驗

模型 $Y = X\beta + \varepsilon$ 中，如果殘差向量 $\hat{\varepsilon}$ 有某些分量 $I = \{i_1, \cdots, i_l\}$ 的殘差 $\hat{\varepsilon}_{i_1}, \cdots, \hat{\varepsilon}_{i_l}$ 與其他的分量相比相差很大，我們就稱觀測 (X_I, Y_I) 為異常點（觀測）。如何檢驗數據是否異常？

分析：如果認為殘差 $\hat{\varepsilon}_I = Y_I - X_I\beta$ 很大，那麼就有理由認為模型 $Y_I = X_I\beta + \varepsilon_I$ 設定不對，也就是 $E(Y_I) \neq X_I\beta$。故設：

$$Y_i = \begin{cases} X_{(i)}\beta + b_i + \varepsilon_i & i \in I \\ X_{(i)}\beta + \varepsilon_i & i \notin I \end{cases}$$

$X_{(i)}$ 表示 X 中的第 i 行，b_i 是常數，意味著測量中其他因素造成的一種實質性的偏離。

將 Y_i 和 $X_{(i)}$ 按行進行適當的排列，可以構造模型：

$$Y = \begin{pmatrix}Y_J\\Y_I\end{pmatrix} = \begin{pmatrix}X_J & 0\\X_I & I\end{pmatrix}\begin{pmatrix}\beta\\\eta\end{pmatrix} + \varepsilon$$

要判斷 (X_I, Y_I) 是不是數據異常點，相應的假設檢驗就是：

$$H_0: \eta = 0 \quad H_1: \eta = 0$$

這就歸結為模型 $Y = X\beta + \varepsilon$ 中 β 的系數部分為零的檢驗問題。故採用 F 檢驗。這裡，$C = q = F$ 的自由度是多少？請學生自己考慮。

但這裡更方便的辦法是：

① 對 $Y_t = X_t + \varepsilon$ 做 OLS 得 $\hat{\beta}^*$ 和 RSS_{β^*}。

② 對 $Y = X\beta + \varepsilon$ 做 OLS 得 $\hat{\beta}$ 和 RSS_β。

然後採用 F 統計量的殘差平方和形式，$F = \dfrac{\text{RSS}_{\beta^*} - \text{RSS}_\beta / l}{\text{RSS}_\beta / (N - K - l)}$ 做檢驗。

註：① 一般異常點的數據量不宜太大，新構造模型的實質是把被懷疑的觀測部分作為虛擬變量處理。

② 拒絕 H_0，認為 (X_1, Y_1) 是異常點還要具體問題具體分析。此時要特別細心，善於從差異中找到問題的原因。

(3) 模型設定偏誤的 RESET 檢驗

建立模型時，如果加入了不必要的解釋變量，可以直接通過 t 檢驗和 F 檢驗將它們排除。但是，模型中一些該引入而沒有引入的解釋變量如何知道？辦法是，加入一個或一些替代變量到模型中去。如果這些替代變量可以通過 t 檢驗和 F 檢驗，則可判斷該模型遺漏了某些解釋變量，稱為 RESET 檢驗。

替代變量一般選擇 Y 的擬合值 $\hat{Y} = X\hat{\beta}$ 的非線性多項式或其他函數形式。這可以通過殘差 $\hat{\varepsilon}$ 與 $\hat{Y}$ 的散點圖來大致判定。

例如：建立模型為 $Y = \beta_1 + \beta_2 X_2 + \cdots + \beta_K X_K + \gamma_1 \hat{Y}^2 + \gamma_2 \hat{Y}^3 + \varepsilon$。

如果參數 γ_1 和 γ_2 能通過 t 檢驗和 F 檢驗，則說明模型遺漏了某些應加入的解釋變量。這是因為 $\hat{Y}^2$、$\hat{Y}^3$ 等與 $X_1, \cdots, X_K$ 肯定是線性無關的。

註，RESET 檢驗僅是能判斷遺漏了某些解釋變量，並不知道遺漏了什麼解釋變量。

(4) 格蘭杰因果關係檢驗

如果 X 和 Y 是時間序列數據，那麼兩個因素的因果關係邏輯上只有四種：

① X 是 Y 的原因，且 Y 不是 X 的原因。

② Y 是 X 的原因，且 X 不是 Y 的原因。

③ X, Y 互為原因。

④ X, Y 沒有因果關係。

分析：因果關係在時間上有前後關係。所以，如果命題①真，那麼 X 的變化應當發生在 Y 的變化之前。所以，把 X 過去發生的值加入迴歸模型中將有助於顯著地增加迴歸的解釋能力，且 Y 的增加不應當有助於解釋 X。其他亦如此。

∴ 設 Y 和 X 的時間序列值為 $\{Y_t\}$ 和 $\{X_t\}$ $t = 1, \cdots, n$，那麼建立模型：

$$Y_t = \gamma + \sum_{i=1}^{p} \alpha_i X_{t-i} + \sum_{i=1}^{q} \beta_i Y_{t-i} + \varepsilon_t$$

$$X_t = \gamma + \sum_{i=1}^{m} \lambda_i X_{t-i} + \sum_{i=1}^{l} \delta_i Y_{t-i} + u_t$$

命題 1：$H_0: \alpha_i = 0, i = 1, \cdots, p$　　H_1：存在某一 $\alpha_i \neq 0$；

命題 2：$H_0: \delta_i = 0, i = 1, \cdots, p$　　H_1：存在某一 $\lambda_i \neq 0$。

第 2 章　傳統觀點下的多元線性迴歸模型

對命題①和②的回答有：

(a) 拒絕①,同時不能拒絕②,則 X 是 Y 的原因,且 Y 不是 X 的原因。

(b) 拒絕②,同時不能拒絕①,則 Y 是 X 的原因,且 X 不是 Y 的原因。

(c) 拒絕①,同時拒絕②,則 Y 是 X 的原因,且 X 是 Y 的原因。

(d) 不能拒絕①且不能拒絕②,則 X,Y 沒有因果關係。

採用 F 檢驗, F 統計量為 $F = \dfrac{\text{RSS}_R - \text{RSS}_U/m}{\text{RSS}_U/(n-2m)}$。

其中 RSS_R 表示有約束殘差平方和,RSS_U 表示無約束殘差平方和。經過兩次 F 檢驗,可知 X 與 Y 之間是哪一種因果關係,稱為格蘭杰因果關係檢驗。

註:滯後項的選擇有時對結果的影響很敏感,不同的滯後期可能會得到不同的檢驗結果。其解決辦法是多進行幾個不同滯後長度的檢驗。例如,滯後期選擇使得模型中隨機誤差不存在序列相關性作為標準。格蘭杰因果關係檢驗是在建立 VAR 模型時必做的檢驗,詳見時間序列分析的相關教材。

第 3 章
現代觀點下的基本理念和理論基礎

3.1 現代觀點問題的提出

面對數據該如何處理？這是開展計量工作時遇到的首要問題。

首先當然要知道數據的來源、內涵、背景。例如面對一組數據 X，它能告訴我們什麼？什麼都不能！因為我們不知道這些數據的來源、內涵和背景。如果知道該數據是某人歷次考試成績的記錄，那麼 X 可以被認為在一定程度上能夠反應某人的學習能力。與此同時，可以通過求 X 的算術平均值瞭解這個人的平均學習成績，也可以通過求 X 的方差和標準差瞭解這個人的成績穩定性等。之所以能夠做這些工作，是因為了解了數據的來源、內涵和背景。但是如果這組數據 X 是某公司的股票價格，那麼就沒有理由認為數據是相互獨立的，而是一個與時間有關聯的序列，從而它的含義就不那麼明確，有關序列 X 的某些特徵就顯得不那麼容易預測。這樣的數據以前被認為是沒有用的，但在現在的隨機過程理論和計算機技術下，我們仍能從數據序列中捕捉到總體股票價值的某些信息，這是時間序列數據的問題，本教材不涉及。

我們知道，經濟中數據的內涵非常複雜，有的可以看成服從某一分佈的隨機變量的取值，有的則是某一特定的隨機過程的實現，甚至是不平穩過程的實現。數據後面隱含著許多概率背景和有經濟意義的信息。在這種情況下，傳統觀點認為模型第一位就不太合理了。現代觀點認為數據是第一位的，應當要求模型適應數據的特點，這種認知正是源於對數據來源和內涵的重視。

進一步，我們考查有相互關聯的多組數據 X 和 Y。同樣我們首先要知道數據的內涵、來源，知道有關 X 和 Y 的知識背景和關聯。傳統觀點的局限是，認為解釋變量 X 中發生

的數據是確定性的,與誤差項 ε 無關,這種要求的數據一般需要在很強的控制條件下才能得到,比如在實驗室中獲取的實驗數據。實際上大量經濟數據一般事前無法安排,並且解釋變量與誤差項之間有很強的關聯性,導致內生性產生。另外,數據也是不可重複的,這使得小樣本下的估計和檢驗意義不大。現實經濟要求我們對數據的限制要放寬,對估計和檢驗的標準更關注一致性而不是無偏性。這些都是現代觀點提供的新認知。

經濟中的數據有客觀性、不可重複性、潛在性、複雜的內在關聯性等,這是經濟計量工作必須面對的事實。現實要求計量工作建立新的要求更加寬泛的理論基礎。

3.2 現代觀點的基本理念

為此,面對樣本數據後面的總體,我們做如下的一般性的陳述:

【假設1】關注的結果是一個隨機變量,稱為總體(Population) Y。Y 是我們研究的目標,但是與傳統觀點不同,我們認為它是隨機的。這包含兩方面的含義:第一,Y 的數據本身可能存在各種誤差,獲取過程也可能造成無法獲得準確數據;第二,即使我們能夠觀察到的描述 Y 的數據不存在任何誤差和獲取問題,但是這些數據也只是描述 Y 的部分數據,不可能觀察到全部,因此我們認為理論上 Y 是一個隨機變量。

【假設2】認為影響 Y 的原因是一個 K 維隨機向量,$X' = (X_1, \cdots, X_K)'$。除了 X 的數據獲取也存在類似於 Y 的問題外,有許多 X 都會影響 Y,而我們進行迴歸工作時考慮到的 X 只是 X 的某一部分,因此我們也認為理論上 X 是一個隨機向量。

【假設3】(Y, X) 的聯合分佈存在,且存在期望和方差。這表明 X 和 Y 至少是有關係的,否則實證工作沒有意義。另外一方面的意思是,Y 與 X 的關係不一定是線性的。

【假設4】可以從 (Y, X) 中隨機抽取觀測樣本,或抽取各種受到限制的觀測樣本。

現代觀點基於以上假設提出的問題是,如果能從 (Y, X) 中獲取觀測樣本(信息),如何推斷對 (Y, X) 的認知?即如何表達 X 與 Y 之間的因果關係?

關於假設條件,強調說明如下:

第一,(Y, X) 的聯合分佈、期望、方差存在並不意味著已知,這些往往正是需要我們進行推斷的。

第二,在 Y 與 X 的因果關係中,X 的分量 X_i(也即其中的某個或某些解釋變量)對 Y 的影響既有大小輕重之分,又有可觀測和不可觀測之分,甚至有半不可觀測的情況,因此 Y 與 X 的關係有時候可以按理論更加隨意地設定。例如我們關注工資與教育的關係,但是影響工資的因素除了教育之外,根據勞動經濟學的知識,還有能力和工作經驗。能力不可觀測,工作經驗可用工作年限表示,一些學者甚至認為工作經驗等於年齡減去受教育年限再減 6。又由於工作經驗有正外部性,故可設計工作經驗的平方作為另一個解釋變量,這種設定往往是根據數據或理論知識自主完成的。

第三,因果關係不一定就是線性關係,但是構造非線性關係的難度太大,絕大多數條件下也沒有必要。因此從平均或期望的意義上說,我們要關注的是條件期望 $E(Y \mid X)$,

直觀含義是如果知道 X，平均意義上看 Y 是什麼？這比總體意義上看 E(Y) 包含了更多信息，因為有 X 作為條件提供信息，我們對 Y 的理解應該更多一點。希望能把條件期望 E(Y | X) 表達出來，建立一個模型：

Y = E(Y | X) + u 稱為總體模型（population model）。

一般情況下，E(Y | X) 仍很複雜，甚至是未知的，儘管我們知道 E(Y | X) 在均方誤標準下表達 Y 是最優的，但是我們需要一種方法，類似於函數級數展開，用線性投影的方式來取代條件期望 E(Y | X)，它的合理性在後面陳述。

第四，隨機抽取樣本的最基本形式是截面數據（cross section data），含義是給定一個固定的時間點或時間段，解釋變量與因變量的數據是從總體中隨機發生的，而傳統觀點下的樣本往往被設定為實驗數據（experimental data），含義是實驗者預先設定或不受干擾的測定解釋變量的實驗值，然後觀測因變量的結果。因此傳統觀點認為殘差 ε 與數據 X 完全分離，只會產生除 X 以外的其他隨機影響，這顯然不符合現實。

第五，除了截面數據外，還有面板數據（panel data），該數據有二元特徵，特別是有時間特徵，但時間不太長，是有限的。還有混合截面數據（pooled cross section data）、空間相關樣本數據（spatial correlation）、串數據（cluster sample）等。這些特殊樣本數據均可以在本教材的框架下進行討論。

第六，時間序列數據（time series data），該數據具有動態的典型特徵，它的數據背景需要同隨機過程建立聯繫，需要專門的理論框架，本教材不予介紹。

3.3 現代觀點的理論基礎

假設因果關係 Y = g(X) 客觀存在，但是未知或者部分未知。從獲取的數據 $(y_1, \cdots, y_2)$ 和 $(x_{11}, \cdots, x_{1n}; x_{k1}, \cdots, x_{kn})$ 中，只要樣本 n 充分大，就應該可以驗證和反應出客觀存在的因果關係 $Y_i = g(X_i)$，$i = 1, \cdots, n$。我們的問題是，在不清楚 Y = g(X) 的具體函數形式時，找一個什麼樣的函數來描述 Y 和 X 的關係會比較合理？合理的標準和含義是什麼？

因此，現代觀點的理論主要圍繞解決以下兩個問題展開：

第一，合理性的標準是均方誤差（mean square error, MSE）最小，即選擇 g(X) 使得 $\underset{\forall g(X)}{Min} E (Y - g(X))^2$；

第二，如果用線性關係 $X'\beta$ 來表達 Y，具備什麼條件才能使滿足前一個條件的解恰好就是 $g^*(X) = X'\beta^*$，即 $\underset{\forall g(X)}{Min} E (Y - g(X))^2$ 與 $\underset{\forall \beta}{Min} E (Y - X'\beta)^2$ 等價？

針對這兩個問題，我們概括成如下定理（證明過程見本章附錄）：

定理 1：用條件期望 $E(Y | X)$ 來表達 Y，則 MSE 最小。

這個定理很重要，因為它奠定了現代觀點下我們所追求的目標基礎——條件期望。問題是在一般情況下，由於 Y 和 X 的聯合分佈依然很複雜，所以 E(Y | X) 究竟是什麼樣

子，本質上往往還是不清楚的，甚至完全未知。儘管知道用 $E(Y\mid X)$ 來表達 Y 是最優的，我們還是需要找到其他合理方式來取代 $E(Y\mid X)$。條件期望的概念與性質詳見本章附錄。

如果實證的目的是預測趨勢，可採用非參數估計方法，這超出了本書的範圍。這在大數據分析中是經常用到的，請參閱相關非參數估計的書（事實上想利用實證研究進行精確預測是不可行的）。如果目的是政策評價、驗證理論是否正確，一般採用參數估計方法，參數估計方法的理論基礎是線性投影，具體操作就是將 Y 投影到一個線性子空間上，也就是我們常說的構建線性迴歸方程。

定理 2：若 $E(XY) < \infty$ 且 $E(XX')$ 存在、非奇異，則滿足 $g^*(X) = X'\beta^*$ 中的 β^* 必然滿足定理 1 的條件，且有 $\beta^* = [E(X'X)]^{-1}E(X'Y)$ 成立。

有定理 1 和定理 2 作為對總體的認知前提，可以進一步設定 $Y = X\beta + u, \beta \in R^{k+1}$，稱為 Y 關於 β 的多元線性迴歸模型，其中 $u = Y - X\beta$ 為迴歸誤差，是確定的。有意義的問題自然是什麼條件下 β 會等於 β^* 呢。

定理 3：設定 $Y = X'\beta + u$ 則當且僅當垂直條件 $E(Xu) = 0$ 成立，有 $\beta = \beta^*$ 成立。

注意，定理 3 並沒有考慮條件期望 $E(Y\mid X)$，僅僅是為了說明 Y 寫成 β 的線性投影形式。當 $\beta = \beta^*$ 時，u 要滿足的條件比 $E(U\mid X) = 0$ 要弱，實際應用時更方便，但是在現代觀點和模型正確設定下，兩個條件可以等價，後面詳述。

接下來的問題是現代觀點理論的關鍵，也是我們用線性方程來估計 Y 之所以合理的原因。即把 Y 寫成 $Y = g(X) + \varepsilon$ 與把 Y 寫成 $Y = X'\beta + \mu$，在什麼條件下是可以保證一致的？這個條件正是現代觀點下的多元線性迴歸模型的前提假定，否則我們用線性迴歸模型估計 Y 就沒有道理。為此，給出模型正確設定的嚴格定義。

模型正確設定的定義：如果存在某一 $\beta^0 \in R^{k+1}$，使得從總體中選取的 K 個向量 X 有 $E(Y\mid X) = X'\beta^0$ 成立，那麼線性迴歸模型 $Y = X'\beta + \mu$ 稱為正確設定（correct model specification）。反之，如果對所有的 $\beta \in R^{k+1}, E(Y\mid X) \neq X'\beta$，則稱線性迴歸模型 $Y = X'\beta + \mu$ 不是正確設定的。

注意，$\beta^0 \in R^{k+1}$ 和從總體選取的 K 個向量 X 構成的線性組合是一個整體，於是，有定理 4。

定理 4：如果線性模型 $Y = X'\beta + \mu$ 正確設定，則必然有：(1) 存在某一 β^0，使得 $Y = X'\beta^0 + \varepsilon$，且 $E(\varepsilon\mid X) = 0$；(2) $E(X\varepsilon) = 0$；(3) $\beta^* = \beta^0$。

註：第一，由 $\dfrac{\partial}{\partial X}E(Y\mid X) = \beta^0$，所以只有當模型正確設定的時候，參數 β^0 的經濟含義才是邊際效果（$\beta_i = \dfrac{\partial Y}{\partial X_i}, i = 1, 2, \cdots$），否則 β 的含義是誤導的。

第二，如果模型不是正確設定，那麼此時採用最小二乘估計，參數 β 會產生有偏、不一致的後果，這正是本教材需要重點討論的問題。

自然，如果模型正確設定，那麼在大樣本下利用大數定律和中心極限定理可以保證估計結果的一致性，關於大樣本條件下的漸進理論見本章附錄，即便如此，本教材也不能從基礎開始介紹，可參考概率統計方面的專業書籍。

本章的內容是承上啓下的關鍵，實際上指明了傳統觀點轉化為現代觀點的認知過程，也指出了傳統觀點與現代觀點的基礎認知差異所在。本章核心概念是條件數學期望，這個概念將始終貫穿現代觀點的理論，因而怎麼強調也不過分，後面的內容都是圍繞著條件期望的性質建立各種模型展開的。本章的內容是綱領性的文件，暫時不能領會不奇怪，同學們在後面繼續學習時希望能夠經常返回本章領悟，從而達到更好的學習效果。

本章附錄

先復習一下條件期望的概念及性質(參閱伍德里奇《橫截面與面板數據的經濟計量分析》第一章)：

關於條件概率，我們知道，$P(A \mid B) = \dfrac{P(A \cap B)}{P(B)}$，$P(B) > 0$。此意味著存在一個概率空間 (Ω, F, P)，且 $B \in F$。因為事件 B 已發生，所以 $P(A \mid B)$ 實質是將 $P(B) > 0$ 改變成 $P(B) = 1$，以及把事件 A 的概率 $P(A)$ 調整為 A 在 B 中的比例。

現在如果讓 A 遍歷整個 F，這就在 (Ω, F, P) 上定義了一個新的概率 P_B。它是由 B 和 P 導出的概率，並可認為構成一個新的概率空間 (Ω, F, P_B)。這是在事件 B 發生的條件下獲得的對原概率 P 的調整。直觀講就是，因為 B 已經發生了，其他與 B 無關的事件已不重要了，B 取代了 Ω 的地位。

設 Y 是 (Ω, F, P) 上的一個隨機變量，那麼，數學期望 $EY = \int_\Omega Y dP$。這是一個在 Ω 上的加權平均。現在把 Y 放到概率空間 (Ω, F, P_B) 上看，那麼應有條件數學期望

$$E(Y \mid B) = \int_\Omega Y dB = \dfrac{\int_B Y dP}{P(B)}$$

這是一個在事件 B 上的加權平均。

再設 Y、X 是 (Ω, F, P) 上的二個隨機變量，聯合分佈存在。$\forall x_0 \in R$，為要使 $P(B) > 0$，取 $B = \{x_0 - \Delta x \le X < x_0 + \Delta x\}$，則 $E(Y \mid B) = E(Y \mid x_0 - \Delta x \le X < x_0 + \Delta x) =$

$$\dfrac{\int_{x_0 - \Delta x \le X < x_0 + \Delta x} Y dP}{P(x_0 - \Delta x \le X < x_0 + \Delta x)}$$

再令 $\Delta x \to 0$，如果這個極限存在，那麼 $E(Y \mid B) = E(Y \mid X = x_0)$，這是一個與 x_0 有關的數。有結論是，除去一個零概率集，極限是存在有限的。因為零概率集上可測函數的積分總是 0，故我們可以在這個零概率集上重新定義它的值，例如取值為 0，那麼，對 $\forall x_0 \in R, E(Y \mid X = x_0)$ 有定義。這是一個與隨機變量 X 取值有關的函數 $f(x_0)$。（回憶導數的定義）

因為 X 是隨機取值的，所以當 X 不確定取值的時候，它就是一個與 X 有關的隨機變量，記成 $E(Y \mid X)$，稱此為 Y 關於 X 的條件數學期望。

註：給定事件下的條件期望是一個數，而隨機變量 Y 關於隨機變量 X 的條件數學期望則是一個隨機變量。具體計算就是，如果 $E(Y \mid X = x) = f(x)$，則 $E(Y \mid X) = f(X)$。

條件期望有性質如下：

設隨機變量 (X,Y) 有聯合分佈 $F(x,y)$ 和聯合分佈密度 $f(x,y)$，不妨設 $f(x,y) \geq 0$。則 X 的邊際分佈密度 $f_X(X) = \int_Y f(x,y)\,dy$；$Y$ 的邊際分佈密度 $f_Y(Y) = \int_X f(x,y)\,dx$。那麼給定 $X=x$ 的條件下，Y 的條件分佈密度是 $f_{Y|X}(y\mid x) \widehat{=} \dfrac{f(x,y)}{f_X(x)} = \dfrac{f(x,y)}{\int_Y f(x,y)\,dy}$，於是給定 $X=x$ 的條件下，Y 的條件數學期望是 $E(Y\mid X=x) = \int_Y y\dfrac{f(x,y)}{f_X(x)}dy \widehat{=} g(x)$。所以 $E(Y\mid X) = g(X)$。

$$\therefore E(g(X)) = E[E(Y\mid X)] = \int_X\left[\int_Y y\frac{f(x,y)}{f_X(x)}dy\right]f_X(x)\,dx$$
$$= \int_Y\left[\int_X y\frac{f(x,y)}{f_X(x)}f_X(x)\,dx\right]dy$$
$$= \int_Y y\left[\int_X f(x,y)\,dx\right]dy = \int_Y y f_Y(y)\,dy = E(Y)$$

性質 1：$E[E(Y\mid X)] = E(Y)$，直觀含義是把 Y 先分段平均後再平均等於直接平均。設想把三杯水先溶合成紅綠藍色，然後再將它們放在一起均勻混合，此以三杯水放在一起同時用紅綠藍均勻混合是一樣的。

又由定義，$E[g(X)\mid X] = \int_{g(X)} g(x)\dfrac{f(x,g(X))}{f_X(x)}dg(x)$，做變量代換，$y = g(x)$，則：$\int_Y y\dfrac{f(x,y)}{f_X(x)}dy = E(Y\mid X) = g(X)$。即有：

性質 2：$E[E(Y\mid X)\mid X] = E(Y\mid X)$。

$E[g(X)\mid X] = g(X)$ 的直觀含義很明顯，已經知道 X 的信息，那麼 $g(X)$ 就也是已知的，它的平均就是它自己。即知道 $X=x$，那麼 $g(X)=g(x)$ 就是已知的。它是常數的期望等於常數的直接推廣。設想已經混合成藍色的水，再用同樣藍色的水去混合是沒有區別的。

1. 定理 1 證明

設 $g_0(X) = E(Y\mid X)$，那麼：
$$E(Y-g(X))^2 = E(Y-g_0(X) + g_0(X) - g(X))^2$$
$$= E(Y-g_0(X))^2 + E(g_0(X)-g(X))^2 + 2E(g_0(X)-g(X))(Y-g_0(X))$$
注意到，
$$E(g_0(X)-g(X))(Y-g_0(X)) = E\{(g_0(X)-g(X))E[(Y-g_0(X))\mid X]\}$$
$$= E\{(g_0(X)-g(X))[E(Y\mid X) - g_0(X)]\}$$
$$= 0$$
$$\therefore \mathrm{MSE}(g) = E(Y-g(X))^2 + E(g_0(X)-g(X))^2$$
所以取 $g(X) = g_0(X)$，$\mathrm{MSE}(g)$ 最小。定理得證。

2. 定理 2 證明

由一階條件得：

$$\frac{d}{d\beta}E(Y - X'\beta)^2 = \frac{d}{d\beta}E\left(Y - \sum_{i=0}^{k}\beta_i X_i\right)^2 = E\left[\cdots, \frac{\partial}{\partial \beta_i}\left(Y - \sum_{i=0}^{k}\beta_i X_i\right)^2, \cdots\right]$$

$$= E\left[\cdots, 2\left(Y - \sum_{i=0}^{k}\beta_i X_i\right)\frac{\partial}{\partial \beta_i}\left(Y - \sum_{i=0}^{k}\beta_i X_i\right)\right]$$

$$= E\left[\cdots, 2\left(Y - \sum_{i=0}^{k}\beta_i X_i\right)(-X_i), \cdots\right] = 0$$

$\Rightarrow EYX_i = \sum_{j=0}^{k}\beta_j(EX_j X_i) \ \forall i$，這是一個線性方程組。寫成矩陣形式：

$$\begin{pmatrix} E(X_0 Y) \\ E(X_1 Y) \\ \vdots \\ E(X_k Y) \end{pmatrix} = \begin{pmatrix} E(X_0 X_1) & E(X_0 X_1) & \cdots & E(X_0 X_1) \\ E(X_0 X_1) & E(X_0 X_1) & \cdots & E(X_0 X_1) \\ \vdots & \vdots & \cdots & \vdots \\ E(X_0 X_1) & E(X_0 X_1) & \cdots & E(X_0 X_1) \end{pmatrix} \begin{pmatrix} \beta_0 \\ \beta_1 \\ \vdots \\ \beta_k \end{pmatrix}$$

$\Rightarrow E(XY) = [E(XX')]\beta$

由 $E(XX')$ 非奇異，$E(XY) \leq E(X^2)E(Y)^2$（柯西－施瓦茨不等式）

故 $E(XY) < \infty$，所以 $\beta^* = E(XX')^{-1}E(XY)$。

3. 定理 3 證明

必要性：如果 $\beta = \beta^*$，那麼由 $u = Y - X'\beta$

$\Rightarrow EX_u = EXY - EXX'^{\beta^*} = EXY - (EXX')(EXX')^{-1}(EXY) = 0$

充分性：如果 $EX_u = 0$ 那麼，$EX_u = EXY - EXX'\beta = 0$

$\therefore \beta = (EXX')^{-1}EXY = \beta^*$

4. 定理 4 證明

由定義，$E(Y|X) = X'\beta^0$，由定理 1 的性質知，$E(\varepsilon|X) = 0$，所以（1）成立。再由定理 3，所以（2）和（3）成立。

5. 大樣本下的漸進理論

現代迴歸模型的估計和檢驗是建立在大樣本意義下的統計理論。由於樣本 N 不再固定，注重一致性，原則是保證一致性必須成立，再考慮降低有偏性，提高有效性。從而，大樣本下的極限理論具有基本的重要性。

（1）收斂的概念：

a）序列 $\{a_n\}$ 收斂，記為 $a_n \rightarrow a$

b）隨機變量序列 $\{x_n\}$ 依概率收斂，$x_n \xrightarrow{p} x$

c）隨機變量序列 $\{x_n\}$ 依分佈收斂，$x_n \xrightarrow{d} x$

d）連續映照定理（slutsky's theory），向量序列 $x_n \xrightarrow{p} const$，$g(x)$ 連續，則 $g(x_n) \xrightarrow{p} g(c)$，即 $p\lim_{n\to\infty} g(x_n) = g(p\lim_{n\to\infty} x_n)$。

（2）隨機樣本的兩個重要極限定理

定理1：設 $\{w_i: i = 1, 2, \cdots\}$ 是一列獨立同分佈的 G 維隨機向量序列，且 $E(|w_{ig}|) < \infty$，$g = 1, \cdots, G$，那麼 $\frac{1}{N}\sum_{i=1}^{N} w_i \xrightarrow{p} u_w$，其中 $u_w = E(w_i)$，此稱為向量序列的弱大數定律。

定理2：$\{w_i: i = 1, 2, \cdots\}$ 是一列獨立同分佈 G 維隨機向量序列，$E(w_i) = 0$ 且 $E(|w_{ig}|^2) < \infty$，$g = 1, \cdots, G$，那麼 $\frac{\sqrt{N}}{N}\sum_{i=1}^{N} w_i \xrightarrow{d} N(0, B)$，$B = \text{var}(w_i)$ 是一半正定矩陣。此稱為向量序列的中心極限定理。

注意，這兩個定理獨立同分佈的條件不是必要的。參見 L.沃塞曼的《統計學完全教程》。

在定理1、2的基礎上，我們定義統計意義上的一致性：

定義1：（一致性）$\{\hat{\theta}_N: N = 1, 2, \cdots\}$ 是一個 $P \times 1$ 維的樣本函數的序列，N 是樣本容量，如果 $\hat{\theta}_N \xrightarrow{p} \theta$，對任意的 $\hat{\theta}_N \in \Theta$ 成立，則稱 $\hat{\theta}_N$ 是 θ 的一致估計，其中 Θ 是未知參數空間的定義域。

定義2：$\{\hat{\theta}_N: N = 1, 2, \cdots\}$ 是一個 $P \times 1$ 維的樣本函數的序列，如果 $\sqrt{N}(\hat{\theta}_N - \theta) \xrightarrow{d} N(0, V)$，其中 V 是半正定陣，則稱 $\hat{\theta}_N$ 是 $\sqrt{N}$ 漸近正態的，且 V 是 $\sqrt{N}(\hat{\theta}_N - \theta)$ 的漸近方差，記作 $\text{Avar}\sqrt{N}(\hat{\theta}_N - \theta) = V$。因此，$\hat{\theta}_N \sim \text{Normal}\left(\theta, \frac{V}{N}\right)$，故也稱 $\hat{\theta}_N$ 的漸近方差為 $\frac{V}{N}$，記成 $\text{Avar}(\hat{\theta}_N) = V/N$。

一般而言，協差陣 V 未知，我們有許多關於 V 的一致估計 $\hat{V}_N$，因此 $\hat{\theta}_N$ 的漸近方差估計就是 $\hat{V}_N/N$，記成 $\text{Avar}(\hat{\theta}_N) = \hat{V}/N$。

註：因為 $\frac{V}{N} \to 0$，$(N \to \infty)$，所以 $\hat{V}_N/N \to 0$，故當 N 充分大，$\hat{V}_N/N$ 無意義。我們說 $\hat{V}_N/N$ 是 $\hat{\theta}_N$ 的漸近方差估計，意義是指 $\sqrt{N}(\hat{\theta}_N - \theta)$ 的漸近方差估計是 $\hat{V}_N$，而不是 $\hat{V}_N/N \to 0$，這一點很重要，不要搞亂。

定義3：如果 $\sqrt{N}(\hat{\theta}_N - \theta) \xrightarrow{d} \text{Normal}(0, V)$，且 V 正定，其主對角線元素用 v_{jj} 表示。又有 $\hat{V}_N$，且 $\hat{V}_N \xrightarrow{p} V$，那麼 $\hat{\theta}_N$ 的第 j 個分量 $\hat{\theta}_{Nj}$ 的漸近標準差規定為 $\text{se}(\hat{\theta}_{Nj}) = (\hat{v}_{jj}/N)^{1/2}$。

定義4：$\hat{\theta}_N$ 和 $\tilde{\theta}_N$ 都是 θ 的 $\sqrt{N}$ 一致估計，即 $\hat{\theta}_N - \theta = o_p(N^{-1/2})$，$\tilde{\theta}_N - \theta = o_p(N^{-1/2})$，且 $V = \text{Avar}\sqrt{N}(\hat{\theta}_N - \theta)$，$D = \text{Avar}\sqrt{N}(\tilde{\theta}_N - \theta)$，如果 $D - V$ 是半正定矩陣，則稱 $\hat{\theta}_N$ 比 $\tilde{\theta}_N$ 是漸近有效的。又 $\sqrt{N}(\hat{\theta}_N - \tilde{\theta}_N) = o_p(1)$，則稱 $\hat{\theta}_N$ 和 $\tilde{\theta}_N$ 是 $\sqrt{N}$ 漸近等價的。

定義5：如果 $\sqrt{N}(\hat{\theta}_N - \theta) \xrightarrow{d} \text{Normal}(0, V)$，若 $V = \begin{bmatrix} V_1 & 0 \\ 0 & V_2 \end{bmatrix}$，且相應的 $\hat{\theta}_N =$

$\begin{bmatrix} \widehat{\theta}_{1N} \\ \widehat{\theta}_{2N} \end{bmatrix}$,有 $\sqrt{N}(\widehat{\theta}_{1N} - \theta_1)$ 有漸近方差 V_1,$\sqrt{N}(\widehat{\theta}_{2N} - \theta_2)$ 有漸近方差 V_2,則稱估計 $\widehat{\theta}_{N_1}$ 和 $\widehat{\theta}_{N_2}$ 是漸近獨立的。

關於統計檢驗的漸近理論陳述如下:

定義6:對假設檢驗 H_0,如果它的備擇假設 H_1 為真,且 $\lim_{n \to \infty} P_N$(拒絕 H_0 | H_1 真)= 1,則稱檢驗是漸近一致的。

引理:線性變換下的漸近正態性:如果 $\sqrt{N}(\widehat{\theta}_N - \theta) \xrightarrow{d} N(0, V)$,$V$ 正定,又 R 是 $Q \times P$ 矩陣,$Q \le P$,秩(R)= Q,則:$\sqrt{N}R(\widehat{\theta}_N - \theta) \xrightarrow{d} \text{Normal}(0, RVR')$。又,二次型 $[\sqrt{N}R(\widehat{\theta}_N - \theta)]'(RVR')^{-1}[\sqrt{N}R(\widehat{\theta}_N - \theta)] \xrightarrow{d} \chi^2_Q$,此外如果有 $p\lim_{N \to \infty} \widehat{V}_N = V$,那麼 Wald 統計量,即二次型:

$$[\sqrt{N}R(\widehat{\theta}_N - \theta)]'(RVR')^{-1}[\sqrt{N}R(\widehat{\theta}_N - \theta)] = (\widehat{\theta}_N - \theta)'R'\left[R\frac{\widehat{V}_N}{N}R'\right]^{-1} R(\widehat{\theta}_N - \theta) \xrightarrow{d} \chi^2_Q$$

在第一章我們看到,利用 Wald 統計量,我們可以得到 F 統計量,並由此解決有線性約束的檢驗問題,$H_0: R\theta = r, H_1: R\theta \ne r$。

最後,簡單介紹參數假設檢驗的大樣本理論:

設 $\theta \in \Theta$ 是總體中的參數向量,$\Theta \subset R^k$。q 為已知的 J 維列向量,$C(\theta)$ 為 θ 的 J 元函數,$C(\theta) = (c_1(\theta), \cdots, c_J(\theta))'$。稱 $C(\theta) = q$ 為對參數 θ 的約束條件,J 為約束的個數。這裡 $C(\theta)$ 的函數形式已知,可以是線性的,也可以是非線性的。且 $\frac{\partial C(\theta)}{\partial \theta} = Q(\theta)$ 在 θ 的某鄰域行滿秩。

如果能把對參數 θ 的約束條件作為假設檢驗的命題:$H_0: C(\theta) = q, H_1: C(\theta) \ne q$。那麼,由數理統計的知識,在大樣本條件下,可採用三個漸近等價的檢驗統計量來完成。具體講:

設 $\widehat{\theta}_N$ 是 θ 的一致估計,由於最大似然估計(MLE)在大樣本條件下滿足一致性、漸近正態性和不變性,有很好的統計性質。一般 $\widehat{\theta}_N$ 常採用 u 作為假設檢驗前 θ 的一致估計。我們記 $\widehat{\theta}_U$ 為不帶約束條件下 θ 的一致估計,$\widehat{\theta}_R$ 為帶約束條件下 θ 的一致估計。設 $L(\theta)$ 為似然函數,$L(\widehat{\theta})$ 為似然函數值。我們有如下結論:

(1)沃爾德統計量(Wald)

如果不帶約束條件下 θ 的一致估計 $\widehat{\theta}_U$ 易得,那麼對假設檢驗的命題:$H_0: C(\theta) = q$,且秩 $\frac{\partial C(\theta)}{\partial \theta} = Q$。可構造 Wald 統計量:

$$W = [C(\widehat{\theta}_U) - q]'[AVar(C(\widehat{\theta}_U) - q)]^{-1}[C(\widehat{\theta}_U) - q] \xrightarrow{d} \chi^2_Q$$

特別當約束是線性時,即 $R\theta = r$,那麼有 $W = (\widehat{\theta}_N - r)'R'\left[R\frac{\widehat{V}_N}{N}R'\right]^{-1}R(\widehat{\theta}_N - r) \xrightarrow{d} \chi^2_Q$。

(2)拉格朗日統計量(LM)

如果帶約束條件下 θ 的一致估計 $\widehat{\theta}_R$ 易得,那麼對 $H_0:C(\theta)=q$,秩 $\dfrac{\partial C(\theta)}{\partial \theta}=r$。可構造 LM 統計量:

$$\text{LM} = \left(\dfrac{\partial \ln L(\widehat{\theta}_R)}{\partial \widehat{\theta}_R}\right)'[I(\widehat{\theta}_R)]^{-1}\left(\dfrac{\partial \ln L(\widehat{\theta}_R)}{\partial \widehat{\theta}_R}\right) \xrightarrow{d} \chi_r^2$$

其中,$I(\theta_R) = -E(H_R) = E(g\,g')$;$g = \dfrac{\partial \ln L(\theta_R)}{\partial \theta_R}$,$H = \dfrac{\partial^2 \ln L(\theta_R)}{\partial \theta_R \partial \theta_R'}$ 稱 $I(\theta_R)$ 為信息矩陣。

(3)似然比統計量(LR)

令 $\lambda = \dfrac{\ln L(\theta_R)}{\ln L(\theta_U)}$,稱為似然比,$\text{LR} = -2\ln\widehat{\lambda} = 2[\ln L(\widehat{\theta}_U) - \ln L(\widehat{\theta}_R)] \xrightarrow{d} \chi_r^2$。似然比檢驗常用在時間序列分析中。(參見一般的數理統計的書或格林的高級計量經濟學教材)

註:當約束是線性時,有 $W \geq \text{LR} \geq \text{LM}$。故 LM 拒絕,則都拒絕 H_0。

第 4 章
現代多元線性迴歸模型

4.1 正確設定下的多元迴歸

有了第三章條件期望的概念和知識,我們可以重新認識多元線性迴歸模型。

4.1.1 關於模型

對總體模型 $Y = \beta_0 + \beta_1 X_1 + \cdots + \beta_k X_k + U$,其中 Y、$X_1, \cdots, X_k$ 為可觀測或受到限制或不可觀測的隨機變量(三種情況都可以設定),Y 與 $X_1, \cdots, X_k$ 存在因果關係,且 $(Y, X_1, \cdots, X_k)$ 的聯合分佈存在。U 是不可觀測的隨機誤差,模型中等式是嚴格成立的,且它是條件期望 $E(Y|X)$ 的正確設定,因此 $E(U|X) = 0$。

這裡特別有必要說明傳統觀點 $E(u) = 0$ 和 $\text{cov}(u, x) = 0$ 的假定與現代觀點要求 $E(U|X) = 0$ 的區別和聯繫。

現代觀點要求 $E(U|X) = 0$ 實際上比傳統觀點要求 $E(u) = 0$ 和 $\text{cov}(u, x) = 0$ 要強。因為 u 是所有不包含在 x 中卻同樣影響 y 的因素的全體,而截距項 β_0 則是對 y 整體的水準影響,既包括 x 對 y 的水準影響,當然也包括 u 對 y 的水準影響,這在 β_0 中無法進一步區分出來。但是 x 對 y 的非隨機性的影響,已經通過設定 x_1 到 x_k 這 k 個自變量描述出來了,而 u 中具體還包括哪些影響 y 的因素我們並不知道,所以對 y 的影響肯定不隨機,$E(u) = 0$ 和 $\text{cov}(u, x) = 0$ 的條件是不足以保證 $E(U|X) = 0$ 的。在設定有截距的情況下,設 $E(u) = 0$,是因為 u 的水準影響也自動進入 β_0,u 的其他影響我們認為在大樣本下相互抵消不再顯著。如果是這種認知,那麼在有截距的條件下,設定 $E(u) = 0$ 加上 $\text{cov}(u, x) = 0$ 實際上就是 $E(U|X) = 0$。可見現代觀點的要求雖然比傳統觀點高,但有第三章的理論基

礎,設定更高條件的 $E(U|X) = 0$ 同樣合理。

因為 $E(U|X) = 0$,可認為 U 中不再含有 $X_1, \cdots, X_k$ 的影響(但 U 中可能含有影響 Y 的其他我們沒有觀察到的因素)。那麼 Y 與 $X_1, \cdots, X_k$ 變化的關係就有 $\beta_k = \dfrac{\partial Y}{\partial X_k}$。含義是因素 X_k 對結果 Y 的邊際貢獻,而 β_0 則是所有解釋變量和誤差項的水準貢獻。注意,如果模型不是正確設定的,這個含義就是誤導的。

由於模型中設定有截距項,為避免用條件期望敘述的麻煩,我們還是把 $E(U|X) = 0$ 的條件減弱為假定模型 $E(U) = 0$ 和 $\text{cov}(X_j, U) = 0, j = 1, \cdots, k$。因為條件弱化為 $E(U) = 0$ 和 $\text{cov}(X_j, U) = 0$,直觀上易於理解,只要求平均來看 U 不再對 Y 產生持續顯著的非水準性影響,且我們能夠觀察到的 X_j 與 U 無關就可以了。因為我們認為模型設定是正確的,因此這種條件弱化沒有太大關係,也更方便檢驗。

現代觀點中遇到的核心問題是內生性。什麼叫內生性?就是 $E(U|X) \neq 0$。直觀看就是如果解釋變量中的某一個 X_j 造成 $\text{cov}(X_j, U) \neq 0$,即 X_j 與 U 相關,則解釋變量有內生性。內生性問題是現代觀點要重點應對的問題。產生內生性的原因非常複雜,往往是多方面的,在應用中主要可以歸結為三種情況:

第一,隱性(omitted)解釋變量。我們瞭解影響結果的因素中肯定有某一個解釋變量,但是由於客觀實際存在某些困難,該變量的數據不可觀測。或者我們根本就不瞭解影響結果的因素中應該包含哪一個解釋變量,即遺漏了重要的解釋變量。例如能力是解釋工資非常重要的變量之一,我們也完全瞭解能力必然會是影響工資水準的原因,但是能力無法觀測,我們也無法直接獲得能力的數據。如果不對模型加以處理,這個解釋變量只能被包含在隨機誤差項中,因此被稱為隱性解釋變量。

第二,測量誤差。數據獲取有明顯失誤或者數據不能做到準確測量。一般來說宏觀經濟的統計數據不可能做到準確測量,都必然存在測量誤差,如 GDP、利率、匯率等。而微觀入戶調查數據由於受訪者和訪問員的主客觀原因,也容易出現數據獲取的失誤,例如出現自報數據、傳遞失誤等。在現實的經驗研究工作中,並不是要苛求所有數據都完全沒有任何測量誤差,關鍵是看什麼變量存在測量誤差,測量誤差有什麼特徵,一些測量誤差並不會有太大問題。什麼樣的數據測量誤差會導致內生性?這將是後面分析的重點。

第三,同時同步性。結果和原因的數據同時獲取時,由於 Y 與 U 相關,導致某一 X_j 與 U 相關,即存在某一隨機因素既影響結果也影響原因,或者 Y 和 X_j 互為因果。由於經濟學所描述的現實環境既影響原因,也影響結果,因此 U 和 X_j 有相關性是很常見的。內生性問題普遍存在於實證工作中,理論上只可以減輕,不能消除。我們實證工作的目標,是在能夠做到的範圍內盡可能最大限度地減輕內生性對迴歸結果的影響。

再回到正確設定的模型上來,把基本模型改寫成矩陣向量形式 $Y = X\beta + u$。其中 $X = (X_1, \cdots, X_k)$,且 $X_1 \equiv 1$ 為常數項,$\beta = (\beta_1, \cdots, \beta_k)'$。這樣做是為了方便獲取樣本數據後的統一表達。假定我們可以獲得 N 個隨機樣本,用集合形式表示為:$\{(X_{(i)}, Y(i)) : i = 1, \cdots, N\}$。因此對每一次觀測,依據基本模型實際上都有 $Y(i) = X_{(i)}\beta + u_{(i)}, i = 1, \cdots, N$。小括號中表示第 i 次觀測。從觀測樣本的角度來說,$X = (X_1, \cdots, X_k)$ 也就是一個 $N \times K$ 矩陣。不再區別說明,以後 $Y = X\beta + u$ 既代表總體形式也代表樣本形式。

4.1.2 關於一致估計

對總體而言,因為模型正確設定,因此可以對隨機向量 $X = (X_1, \cdots, X_k)$ 和 U 隨機誤差給出如下假定:

假定 OLS1: $\text{cov}(X_j, U) = E(X_j U) = 0, j = 1, \cdots, k$。

此假定意味著解釋變量與誤差不相關,模型是正確設定的。

假定 OLS2: $\text{rank} E(X'X) = K$。

此假定意味著隨機矩陣列滿秩,迴歸系數 β 可識別。

於是,由 $Y = X\beta + u$,得 $X'Y = X'X\beta + X'u$,兩邊取期望,根據假定 OLS1、OLS2,求得真值: $\beta = [E(X'X)]^{-1} E(X'Y)$。

對樣本而言,因為 X 和 Y 可觀測,由大數定律,利用樣本矩估計代替總體期望值 $E(X'X)$ 和 $E(X'Y)$,可得到未知參數 β 的傳統 OLS 估計,且 OLS $\hat{\beta}$ 是 β 的一致估計。證明過程見本章附錄。

註:(1)現代觀點的迴歸模型實質上就是把結果 Y 投影到原因 $(1, X_1, \cdots, X_k)$ 上,只要能隨機從 Y 和 $X_1, \cdots, X_k$ 中抽樣,且滿足假定 OLS1、OLS2,得到的 OLS $\hat{\beta}$ 就是確定的且是 β 的一致估計。模型的背景和 β 的含義並不影響一致估計的結果。上一章已經提到,只有當模型正確設定時,β 的含義才是邊際效果。

(2)如果進一步增加條件 $E(U|X) = 0$ 成立,那麼有 $E(\hat{\beta}|X) = \beta$,即 OLS $\hat{\beta}$ 不僅是一致估計,也是在 X 條件下的無偏估計。再進一步認為 $X_1, \cdots, X_k$ 確定而非隨機,則完全回到傳統觀點。

(3)一致估計能夠成立的條件是 OLS1 和 OLS2,除此之外不需要任何附加條件,故 X 和 Y 既可以是連續的,也可以是離散的,但要求 X 和 Y 可被隨機抽樣。

(4)如果 OLS1 不成立,即 $E(X'U) \neq 0$,一致性就不成立了。且前面已經提到,條件 OLS 比正確設定條件 $E(U|X) = 0$ 更弱,即 $E(U|X) = 0$,則 OLS1 必然成立;如果 OLS2 不成立,則 $E(X'X)$ 不可逆,β 不可識別,此時解釋變量線性相關,傳統觀點認為這種情況下存在多重共線性,現代觀點則理解為模型不是正確設定,因為至少某一解釋變量是完全多餘的,導致不存在 β 使得 $E(Y|X) = X\beta$ 成立。相比較而言,顯然現代觀點的認知更加寬泛,沒有太多的附加要求。

4.1.3 關於漸近檢驗

完成了估計,接著就是假設檢驗。上一章已經對檢驗的問題做了詳細介紹,本章主要強調現代觀點的檢驗特徵。

要檢驗首先要知道分佈特徵。現代迴歸模型對 U 和 X 的分佈沒有任何規定,只是要求誤差項的期望、方差有限和樣本獨立同分佈,所以現代迴歸模型採用大樣本漸近檢驗。因為有中心極限定理的保證,我們可以考慮漸近正態性。繼續給出對總體的假設條件:

假定 OLS3: $E(u^2 X'X) = \sigma^2 E(X'X)$,其中 $\sigma^2 = E(u^2)$。

OLS3 意味著 U^2 與解釋變量中每一 $X_j, X_j^2, X_i X_j (0 \leq i, j \leq k)$ 都不相關。一個充分

條件是條件方差 $E(u^2|X) = \text{Var}(u|X) = \sigma^2$ 與 X 無關，即滿足這個條件，OLS3 自然就滿足了。此條件只是對總體而言的，它要求保證誤差的二階項同數據抽樣沒有關係，事實上也是非常強的。異方差性往往出現在樣本的特殊性上。

必須強調的是，現代觀點追求迴歸結果的一致性，從一致性的考慮來說，OLS3 並不是必需的要求。OLS3 不滿足並不影響估計的一致性，它本身也無法用來保證一致性，只會影響到有效性和假設檢驗。事實上，假設檢驗也可以不要求 OLS3 的假定。傳統觀點過度強調了對樣本同方差的要求。即使 OLS3 不能保證，我們也並不是束手無策，這個技術上的問題請參見本章附錄 2。

綜上，對結論歸納如下：

(1) 總體模型：$Y = \beta_0 + \beta_1 X_1 + \cdots + \beta_k X_k + u = (1, X_1, \cdots, X_k)\begin{pmatrix} \beta_0 \\ M \\ \beta_k \end{pmatrix} + u = X\beta + u$。

(2) 基本假定：OLS1 $E(XU) = 0$（垂直性條件）；
OLS2 秩 $E(X'X) = k + 1$（按慣例，也記成 K）（列滿秩條件）；
OLS3 $E(u^2 X'X) = \sigma^2 E(X'X)$，且 $\sigma^2 = E(u^2)$（同方差條件）。

(3) 真值 $\beta = E(X'X)^{-1} E(X'Y)$。

(4) 對樣本，抽樣 $\{(Y_{(i)}, X_{(i)}) : i = 1, 2, \cdots, N\}$，按行排列，得矩陣 X 和向量 Y，得樣本模型 $Y = X\beta + u$ 參數的最小二乘估計：

$$\widehat{\beta}_N = \left(\frac{1}{N}\sum_{i=1}^{N} X_i'X_i\right)^{-1}\left(\frac{1}{N}\sum_{i=1}^{N} X_i'Y_i\right) = (X'X)^{-1} X'Y$$

(5) 對估計，$\widehat{\beta}_N \xrightarrow{p} \beta$，即 $\widehat{\beta}_N$ 是一致估計，且有限樣本下是無偏和有效估計。

假設檢驗問題是基於下面的性質 6。

(6) $\sqrt{N}(\widehat{\beta} - \beta) \xrightarrow{d} N(0, A^{-1}BA^{-1})$，其中 $A = E(X'X)$，$B = E(u^2 X'X)$。
當 OLS3 成立時，簡化成：$\sqrt{N}(\widehat{\beta} - \beta) \xrightarrow{d} N(0, \sigma^2 A^{-1})$。
方差的估計：

$$\sigma^2 = \text{SSR}/N - k = \frac{1}{N-k}\sum_{i=1}^{N} u_i^2 \xrightarrow{p} \sigma^2 = Eu^2$$

又 $(se_{\widehat{\beta}_i}) = \widehat{\sigma} v_i$ 為 $\widehat{\sigma}^2 A^{-1}$ 主對角線第 i 元素的平方根，稱為 $\widehat{\beta}_i$ 的 OLS 標準差。
又當 OLS3 不成立時，協方差矩陣的估計為：

$$\widehat{B} = \frac{1}{N}\Sigma u_i^2 X_i'X_i \xrightarrow{p} B = E(u^2 X'X)$$

寫成矩陣形式為：

$$\widehat{B} = \begin{pmatrix} x_{11} & \cdots & x_{n1} \\ \vdots & \cdots & \vdots \\ x_{1k} & \cdots & r_{nk} \end{pmatrix}\begin{pmatrix} u_1^2 & \cdots & 0 \\ \vdots & \ddots & \vdots \\ 0 & \cdots & u_n^2 \end{pmatrix}\begin{pmatrix} x_{11} & \cdots & x_{1k} \\ \vdots & \cdots & \vdots \\ x_{n1} & \cdots & x_{nk} \end{pmatrix}$$

又 $[se_{\widehat{\beta}_i}] = v_i$ 為 $A^{-1}\widehat{B}A^{-1}$ 主對角線元素的第 i 個平方根，稱為 $\widehat{\beta}_i$ 的 white 異方差穩健

標準差。

在擁有一致估計和漸近分佈的條件下,現代迴歸模型的假設檢驗問題同傳統模型要檢驗的問題提法趨於一致。β 的單參數為 0 的檢驗,在 OLS3 成立時,直接用 t 檢驗,在 OLS3 不成立時,用 $\hat{\beta}_i$ 的 white 異方差穩健標準差做 t 檢驗。

對有關 β 的部分參數為 0 的檢驗,在 OLS3 成立時,仍然可以採用殘差形式的 F 檢驗。具體做法是:

設 $Y = X_1\beta_1 + X_2\beta_2 + u$,其中 X_1 為 K_1 列,X_2 為 K_2 列。欲檢驗 $H_0: \beta_2 = 0$?

(1) Y on X_1, X_2（Y 對 X_1、X_2 做迴歸）,得殘差 SSR_u;

(2) Y on X_1（Y 對 X_1 做迴歸）,得殘差 SSR_R;

(3) $F = \dfrac{(SSR_R - SSR_u)/k_2}{SSR_u/(N-k_1)} \sim F(K_2, N-K_1)$

(4) 給出臨界值 $\theta_\alpha = F^{-1}_{k_2, N-k_1}(1-\alpha)$ 及給出 P 值:$P(拒絕 H_0/H_0 為真) = 1 - F_{K_2, N-K_1}(F)$

現代觀點更強調 P 值的重要性,有了分佈函數計算 P 值就很方便。P 值既可以省掉查表找臨界值,也可以自主地選擇接受或者拒絕原假設,特別當 P 值拒絕或接受比較敏感時,P 值能揭示更多的信息,促使我們進一步考慮 V 值(檢驗的勢,$V = 1-$犯第二類錯誤的概率),或者用其他檢驗方法等更全面地考察檢驗效果。

如果 OLS3 不成立,也就是遇到傳統觀點下認為的異方差或序列相關問題,那麼採用 F 檢驗就不適用了,轉而採用一般的 Wald 統計量:

$W = (R\hat{\beta} - r)(R\hat{V}R')^{-1}(R\hat{\beta} - r)$

$\hat{V} = AVar(\hat{\beta}) = (X \cdot X)^{-1}[\sum_{i=1}^{N} \hat{u}_i^2 X_i'X_i](X'X)^{-1}$

$W \sim \chi^2_Q, Rank R = Q \leq K$

實際上在實證工作中我們常常會用到 Wald 統計量,例如在工具變量 Probit 模型中,直接通過內生性檢驗的 Wald 統計量就可以判斷出是否存在內生性,是否有必要引入工具變量,其原理均與本節介紹的相通。

現實裡如果感覺按照傳統觀點的模型處理,採用 F 檢驗沒有把握時,建議按現代迴歸模型的方式採用 Wald 檢驗,與 F 檢驗的結果相比較,這樣做更穩健,使檢驗結果更加可信。牢記現代觀點的原則:估計可以粗一些,只要保證一致性就可以了,方差大一些沒有關係,但是檢驗必須通過。最好通過多種方式的檢驗,檢驗通不過,模型一定不可取。檢驗通過了,模型中的估計才有統計意義。

此外,當需要檢驗有關 β 的部分參數為零時,還有一種比較簡便常用的方法,是基於 OLS 方法下的拉格朗日得分檢驗(LM)。其檢驗的基本思想見本章附錄。有必要提醒的是,即使 OLS3 不成立,LM 檢驗也可以使用,特別是部分系數為 0 的檢驗,用基於 OLS 方法的 LM 檢驗可以不考慮 OLS3 條件是否成立,用起來十分方便。具體做法是:

設模型:$Y = X_1\beta_1 + X_2\beta_2 + u$,$H_0: \beta_2 = 0$?

(1) Y on X_1,得限制條件下的殘差向量 $\hat{u}$;

(2) X_2 on X_1,即把 X_2 中每個分量 $X_{2j}, j = 1, \cdots, k_2$ 分別代替 Y,對 $X_{2j} = X_1\beta_1 + r_j$ 做

OLS，並由此得每個分量相應殘差向量：$\widehat{r_1}, \cdots, \widehat{r_{k_2}}$；

3.用殘差 $\widehat{u}$ 的每一個分量分別同殘差 $\widehat{r_1}, \cdots, \widehat{r_{k_2}}$ 的每個分量相乘得向量，$\widehat{u}\,\widehat{r_j} = \alpha_j$，$j = 1, \cdots, k_2$。記矩陣 $\alpha = \widehat{u}\,\widehat{r} = (\widehat{u}\,\widehat{r_1}, \cdots, \widehat{u}\,\widehat{r_{k_2}})$

(4) 1 on α，即用常數向量 $J = (1, \cdots, 1)'_n$ 對矩陣 $\alpha = (\alpha_1, \cdots, \alpha_{k_2})$ 做 OLS，得到迴歸平方和 SSE = $J'\alpha(\alpha'\alpha)^{-1}\alpha'J$。

因為，LM 統計量是（見本章附錄）：

$$LM = \left(\frac{\partial \ln L(\widehat{\beta}_R)}{\partial \widehat{\beta}_R}\right)'(I(\widehat{\beta}_R))^{-1}\left(\frac{\partial \ln L(\widehat{\beta}_R)}{\partial \widehat{\beta}_R}\right)$$

$$= \left(\sum_{i=1}^{n}\widehat{r}'_i\widehat{u}_i\right)'\left(\sum_{i=1}^{n}\widehat{u}_i^2\widehat{r}'_i\widehat{r}_i\right)^{-1}\left(\sum_{i=1}^{n}\widehat{r}'_i\widehat{u}_i\right)$$

這個公式可以寫成矩陣形式：

$$(u_1 \cdots u_n)\begin{pmatrix}r_{11} & \cdots & r_{1k_2}\\ \vdots & \cdots & \vdots\\ r_{n1} & \cdots & r_{nk_2}\end{pmatrix}\left[\begin{pmatrix}r_{11} & \cdots & r_{n1}\\ \vdots & \cdots & \vdots\\ r_{1k_2} & \cdots & r_{nk_2}\end{pmatrix}\begin{pmatrix}u_1^2 & \cdots & 0\\ \vdots & \ddots & \vdots\\ 0 & \cdots & u_n^2\end{pmatrix}\begin{pmatrix}r_{11} & \cdots & r_{1k_2}\\ \vdots & \cdots & \vdots\\ r_{n1} & \cdots & r_{nk_2}\end{pmatrix}\right]^{-1}$$

$$\begin{pmatrix}r_{11} & \cdots & r_{n1}\\ \vdots & \ddots & \vdots\\ r_{1k_2} & \cdots & r_{nk_2}\end{pmatrix}\begin{pmatrix}u_1\\ \vdots\\ u_n\end{pmatrix}$$

利用這個 LM 公式，仍可採用 OLS 的方法進行處理。

把 LM 統計量改寫成：

$$(u_1 \cdots u_n)\left[\begin{pmatrix}r_{11} & \cdots & r_{1k_2}\\ \vdots & \cdots & \vdots\\ r_{n1} & \cdots & r_{nk_2}\end{pmatrix}\begin{pmatrix}r_{11} & \cdots & r_{n1}\\ \vdots & \cdots & \vdots\\ r_{1k_2} & \cdots & r_{nk_2}\end{pmatrix}\begin{pmatrix}u_1^2 & \cdots & 0\\ \vdots & \ddots & \vdots\\ 0 & \cdots & u_n^2\end{pmatrix}\begin{pmatrix}r_{11} & \cdots & r_{1k_2}\\ \vdots & \cdots & \vdots\\ r_{n1} & \cdots & r_{nk_2}\end{pmatrix}\right]^{-1}\begin{pmatrix}r_{11} & \cdots & r_{n1}\\ \vdots & \cdots & \vdots\\ r_{1k_2} & \cdots & r_{nk_2}\end{pmatrix}\begin{pmatrix}u_1\\ \vdots\\ u_n\end{pmatrix}$$

$$=(1\cdots1)\begin{pmatrix}u_1r_{11} & \cdots & r_{1k_2}\\ \vdots & \cdots & \vdots\\ u_nr_{n1} & \cdots & r_{nk_2}\end{pmatrix}\left[\begin{pmatrix}u_1r_{11} & \cdots & u_nr_{n1}\\ \vdots & \cdots & \vdots\\ u_1r_{1k_2} & \cdots & u_nr_{nk_2}\end{pmatrix}\begin{pmatrix}u_1r_{11} & \cdots & r_{1k_2}\\ \vdots & \cdots & \vdots\\ u_nr_{n1} & \cdots & r_{nk_2}\end{pmatrix}\right]^{-1}\begin{pmatrix}u_1r_{11} & \cdots & u_nr_{n1}\\ \vdots & \cdots & \vdots\\ u_1r_{1k_2} & \cdots & u_nr_{nk_2}\end{pmatrix}\begin{pmatrix}1\\ \vdots\\ 1\end{pmatrix}$$

$= J'\alpha(\alpha'\alpha)^{-1}\alpha'J = \text{SSE} = \text{LM}$

注意到，$\alpha = (\alpha_1, \cdots, \alpha_{k_2})$ 不含常數項。故 SST = $J'J = N$，擬合優度是非中心的。

所以，LM = SSE = $NR^2 = N\dfrac{\text{SSE}}{\text{SST}} = N\dfrac{\text{SST} - \text{SSR}}{\text{SST}} = N - N\dfrac{\text{SSR}}{J'J} = N - \text{SSR}_0$。

(5) 所 LM = $N - \text{SSR}_0 \sim \chi^2_{k_2}$。拒絕 H_0，表示部分解釋變量 X_2 作用顯著。

具體例子，參見伍德里奇《橫截面與面板數據的經濟計量分析》第四章。

4.2 內生性問題

數據和模型不一定能滿足 OLS1 和 OLS2 的條件，從而估計 OLS $\widehat{\beta}$ 就不能保證是一致

的。因為現實經濟中存在大量解釋變量與誤差項相關的情況,如前所述,我們把它們歸結為隱形變量、測量誤差、同時同步性,統稱為內生性問題。這是現代觀點要處理的重要問題,解決的辦法是,引入工具變量和二階段最小二乘法。對於隱形變量和測量誤差,如果能夠得到面板數據,還可以有新的處理方法,將在第六章詳細介紹。

4.2.1 建模遺漏變量或模型存在隱形解釋變量

設影響 Y 的原因有 $X_1, \cdots, X_k$ 和 q,其中 q 為建模中遺漏的或模型中潛在的未意識到的或意識到但出於某種原因有意忽略的因素。經濟社會中常遇到這種現象,且影響結果的原因很複雜,所以,在模型設定的時候需要認真地分析。

為討論簡單,假設模型如果考慮了因素 q,則模型是正確設定的,那麼有:

$$E(Y|\cdot) = \beta_0 + \beta_1 X_1 + \cdots + \beta_k X_k + \gamma q$$

所以,把 Y 投影到 $(1, X_1, \cdots, X_k, q)$ 上,有 $Y = \beta_0 + \beta_1 X_1 + \cdots + \beta_k X_k + \gamma q + v$,且 $E(v | X_1, \cdots, X_k, q) = 0$ 成立。但由於實際模型 q 被忽略,故實際上能夠做的迴歸為:

$$Y = \beta_0 + \beta_1 X_1 + \cdots + \beta_k X_k + u \text{ (其中 } u = \gamma q + v)$$

因此只要 q 與某一 X_j 有關,則 u 必然與 X_j 有關,$E(u|X) \neq 0$。此時 OLS $\hat{\beta}$ 在忽略 q 下是有偏和不一致的。

例如 Mincer 工資方程解釋工資:

$$\log wag = \beta_0 + \beta_1 \text{exper} + \beta_2 \text{exper}^2 + \beta_3 \text{educ} + \gamma \text{abil} + v$$

因為能力 abil 往往不可觀測,尤其是情商和智商在職場上的作用非常重要卻難以量化,且與教育水準 educ 有關,於是不妨假設 abil $= \delta_1 + \delta_3$educ $+ \xi$,代入原模型造成對 β_3 的估計 $\hat{\beta}_3 = \beta_3 + \gamma \delta_3$。所以當 $\delta_3 > 0$ 時,$\hat{\beta}_3 > \beta_3$ 表明忽略能力因素會造成高估教育對工資的影響。

一般情況下,q 至少會和部分的 X 無關,如上例 abil 至少與經驗 exper 無關。如果 q 僅與某一 X_j 相關則尚可表述,若與多個 X_j 相關則這種相關性就難以表述清楚了。

如果自己知道遺漏了某個重要的解釋變量,意識到忽略因素 q 產生的問題,那麼,就應該採用代理變量(proxy variable)Z 的辦法來解決問題。理論上找到合適的代理變量就可以消除忽略因素 q 而帶來的 OLS $\hat{\beta}$ 的不一致性。

合適的代理變量指的是 Z 必須滿足:

$$E(Y|X, q, Z) = E(Y|X, q)$$

這個式子的含義是在已知 X 和 q 的條件下,代理變量 Z 與結果 Y 實質上是不相關的。換言之,如果可以觀測且沒有被我們忽略的話,那麼把 Z 作為 Y 的解釋變量是多餘的。(這是傳統多重共線性的一種解)所以,從理論上說代理變量最好能夠滿足的一個關鍵條件,如果被代理的變量 q 本身可以被識別和準確測度,那麼代理變量按道理應該沒有意義才對,否則這個變量就不應該作為代理變量,而應該直接以解釋變量的身分進入迴歸方程。舉個通俗的例子,沒有米飯、饅頭,吃地瓜、土豆湊合,有了米飯、饅頭,地瓜、土豆就多餘了。

但是在實際應用中,代理變量 Z 要求:

第 4 章　現代多元線性迴歸模型

$$E(Y|X,q,Z) = E(Y|X,q)$$

這個條件太苛刻了,往往只在理論上成立。當我們研究的問題對忽略的 q 本身是什麼並不關心的時候,可以把條件弱化為投影 $L(q|1,X_1,\cdots,X_k,Z) = L(q|1,Z)$,該式的含義是 q 對 $(1,X_1,\cdots,X_k,Z)$ 迴歸等價於 q 對 $(1,Z)$ 的迴歸,即要求 q 與 $X_1,\cdots,X_k$ 不相關。這個要求不難辦到。此時 q 可以表達為 $q = \theta_0 + \theta_1 Z + \varepsilon (\theta_1 \neq 0)$。將 $q = \theta_0 + \theta_1 Z + \varepsilon$ 代入原正確設定方程做 OLS,可以得到 $\beta_1,\cdots,\beta_k$ 的一致估計。簡要證明如下:

因為代入後原方程變為:

$$Y = \beta_0 + \beta_1 X_1 + \cdots + \beta_k X_k + \gamma(\theta_0 + \theta_1 Z + \varepsilon) + v$$
$$= (\beta_0 + \gamma \theta_0) + \beta_1 X_1 + \cdots + \beta_k X_k + \gamma \varepsilon + v$$

而此時殘差 $\gamma \varepsilon + v$,由於原方程正確設定,所以 v 與 X 不相關,又由於 q 與 $X_1,\cdots,X_k$ 不相關,則 ε 與 X 不相關,因此殘差與 X 不相關,可以得到一致估計。

即使代理變量 Z 選擇得不好,Z 中不能包含 q 的全部信息,還需要增加 $X_1,\cdots,X_k$ 的線性表達,q 就與 $X_1,\cdots,X_k$ 部分相關:$q = \theta_0 + (\rho_1 X_1 + \cdots + \rho_k X_k) + \theta_1 Z + \xi$。這時候做 OLS,$\text{cov}(X_j,\xi) \neq 0, j = 1,\cdots,k_j$,顯然一致性無法保證,證明方式與前面相同。但是只要 $\theta_1 \neq 0$,即 Z 至少包含了 q 的部分信息,那麼依然可以減輕 OLS $\hat{\beta}$ 的漸近方差和有偏性。因此只要我們意識到忽略了某個變量,就應該盡量找代理變量。其實,我們許多模型設計中都不自覺地用了代理變量當作解釋變量處理。當然,只要滿足代理條件,就不會犯什麼嚴重錯誤。例如,把教育解釋變量用受教育年限作為代理變量直接用到模型中去,是不需要做過多解釋的。值得注意的是:

(1)對於面板數據,如何檢驗是否遺漏了重要的解釋變量?通常的做法是將因變量 Y 的時間滯後項引入模型,如果迴歸效果變好,則說明確實有隱形變量存在。但是對於沒有時間趨勢的截面數據,就需要知道忽略了什麼變量,該找什麼樣的代理變量。這個往往在實踐上比較困難,需要經驗和文獻支持。

(2)如果找不到一個 Z 包含 q 的所有信息,也可用多個代理變量如 Z_1、Z_2 來代替 q,要求與單個代理變量類似。

(3)更複雜的情況是,q 與某一 X_k 有相互作用,即所忽略的變量與其他觀察到的解釋變量有乘積效應,這主要是因為被忽略的變量 q 是有關主觀心理的因素或制度文化的因素等。這種因素往往是刻意忽略的,或者說沒有辦法。因為問題過於複雜,不再深入討論。

此外,關心的不是忽略的變量 q,而是其他解釋變量,我們還可以通過工具變量方法來迴避它對其他解釋變量的影響。我們在後面將介紹如何用多個代理變量處理的辦法。

4.2.2　測量誤差

數據存在測量誤差是不可避免的。宏觀經濟數據由於概念本身或者獲取是多次傳遞、加總、平均、加工而得到的,有的甚至是自報。微觀數據往往來源於調查,也存在獲取失誤的問題。數據存在測量誤差很難避免,因此認為數據存在測量誤差是自然的,問題的關鍵是如何看待這種測量誤差。

如果懷疑因變量 Y 存在測量誤差，即 $Y = Y^* + e, E(e) = 0$，其中 Y^* 是真實值無法觀測，Y 可被觀測，本質上是一個含有隨機干擾（誤差）的數據。在模型設定時，這個隨機干擾（誤差）完全可以放到模型的右邊成為隨機誤差項的一部分或常數項的一部分，因此 OLS $\hat{\beta}$ 一致性和對應的 t 檢驗、F 檢驗都沒有問題，只會影響到估計的精度，導致估計的方差增大。

但是，當某個自變量存在測量誤差時，就有可能造成嚴重後果。具體分析如下：

設 $X_k = X_k^* + e_k$，X_k^* 是真值，X_k 不可觀測。把 X_k^* 當成（把測量值當成真實值），相當於替隱形真實的自變量 X_k^* 找了一個代理變量 X_k。這個代理會出現兩種情況：

第一種情形：$cov(X_k, e_k) = 0$，即誤差與測量值無關。那麼 $X_k^* = X_k - e_k$，又若 X_k 與 e_k 無關，即誤差與數據本身沒有關係，純粹是一種外部干擾。這種誤差同因變量 Y 存在測量誤差一樣，不會影響 OLS $\hat{\beta}$ 的一致性，只會增大估計的方差。

第二種情形：$cov(X_k^*, e_k) = 0$，即誤差與真實值無關。這是計量經濟學中的典型誤差 CEV，它的意思是誤差同真實解釋變量沒有關係，由其他未知原因造成。相當於數據是由兩個以上的原因獲得的，即說明有潛在的隱形變量存在。或者說，有一種說不出來的隱形變量 X_k^* 與共同生成模型中的 X_k。隱形變量的存在，則 e_k 與 X_k 必然相關！那麼如果假設正確設定的模型是 $Y = \beta_0 + \beta_1 X_1 + \cdots + \beta_k X_k^* + v$，又將 $X_k = X_k^* + e_k$ 代入正確設定的模型，則新殘差變為 $-\beta_k e_k + v$，由於 e_k 與 X_k 相關，顯然殘差就與 X 相關了。就不再是無偏、一致的，且既會帶來對 β 的高估或低估，又會大大提高犯第二類錯誤的概率。這種相關性是一種內在的自相關。影響估計值的分析過程如下：

如果假定 $cov(X_k^*, e_k) = 0$，那麼 $cov(X_k, e_k) = E(X_k e_k) = E(X_k^* e_k) + E(e_k^2) = \sigma_{e_k}^2$。

若 Y 對 $X_1, \cdots, X_k$ 迴歸得 $\hat{\beta}$，$\hat{\beta} = \beta + (X'X)^{-1} X'\varepsilon = \beta + (X'X)^{-1} X'(v - \beta_k e_k)$。

因為 $cov(X_k, v - \beta_k e_k) = -\beta_k e_k^2 \neq 0$，所以，極限 $plim \hat{\beta} \neq \beta$，且 $plim \hat{\beta}$ 由於矩陣逆的影響，表達式非常複雜，很難進一步分析。詳見本章附錄。

更進一步，如果有多於一個的解釋變量存在典型誤差，問題會變得更加嚴重，OLS $\hat{\beta}$ 幾乎不能再用了，這種情況往往在時間序列數據中非常普遍。

解決測量誤差的辦法是引入工具變量，事實上隱形變量問題也可以通過引入工具變量的辦法加以解決，下一節將專門分析之。

還有一種內生性的情況是同時同步性，即原因和結果的數據同時獲取帶來的內生性，即外界環境同時干擾了原因和結果，有時候也包含互為因的情況。應對同時同步性主要依靠聯立方程模型，如果有了面板數據，還有其他的應對方法，本章暫不贅述。

4.3　工具變量與二階段最小二乘（2sls）

無論是隱形變量還是測量誤差，由此帶來的內生性問題都會造成 OLS $\hat{\beta}$ 一致性不成立。本節引入工具變量以消除或減輕內生性問題，從而達到一致性效果。在工具變量的

思路下最常用的方法是二階段最小二乘,它是 OLS 方法的直接推廣,計算方便,同時迴歸模型的適用範圍也大大擴大了,當然也增加了選擇工具變量集的麻煩。

4.3.1 工具變量的原理

設模型 $Y = \beta_0 + \beta_1 X_1 + \cdots + \beta_k X_k + u$ 滿足 $E(u) = 0, \text{cov}(X_i, u) = 0, j = 1, \cdots, k-1$。懷疑 X_k 存在測量誤差(當然這種懷疑應該要有一些依據),因此 $\text{cov}(X_k, u) = 0$。我們希望選擇一個可觀測、可測量的變量 Z,當它代替 X_k 時,應當滿足條件:第一,$\text{cov}(Z, u) = 0$,即 Z 本身不能再有內生性,否則不滿足 OLS1;第二,將 X_k 對 $(X_1, \cdots, X_{k-1}, Z)$ 迴歸,得方程 $X_k = \delta_0 + \delta_1 X_1 + \cdots + \delta_{k-1} X_{k-1} + \theta_1 Z + r_k$,應該有 $\theta_1 \neq 0$(統計上顯著,可用 t 檢驗衡量),否則用 Z 代替 X_k 意義不大。通俗的說法是 Z 與 u 無關,且與 X_k 高度相關。

但是當 X_k 不可觀測或者 Z 選擇得不好(這種情況經常發生在實踐中),例如使得 $\theta_1 = 0$(在統計意義上不顯著)則無法得到 $\hat{\beta}_k$ 或偏差太大,這樣的問題稱為工具變量的可識別問題(identification problem)。[①] 事實上在經驗研究的實踐中,工具變量可識別問題又包括可識別、過度識別和弱識別三種,現在已經發展出相應的統計量和檢驗方法。例如過度識別常用的方法是 Sargan-Hansen 檢驗,弱識別可以通過第一階段 F 檢驗加以考察等。檢驗的相關操作不是本教材關注的問題,這裡不再提及。無論如何,我們希望能夠保證工具變量可識別問題得到很好的解決,才有可能降低內生性風險。

遺憾的是,要尋找一個理想的工具變量往往非常困難,同時滿足與 u 無關但是與 X_k 高度相關條件的工具變量不容易找到,依然以經典的 Mincer 工資方程為例:

$$\log(\text{wage}) = \beta_0 + \beta_1 \text{exper} + \beta_2 \text{exper}^2 + \beta_3 \text{educ} + u$$

由於無法觀測到能力(abil)變量,往往用受教育水準(educ)代替,事實上是忽略了 abil 這個重要的解釋變量,因此誤差項 u 中必然包含 abil。educ 顯然與 abil 相關,則 $\text{cov}(\text{educ}, u) \neq 0$,反應出 educ 有內生性。如果引入母親的受教育程度(motheduc)作為工具變量,顯然 $\theta_1 \neq 0$ 可以滿足,因為母親的受教育程度與子女的受教育程度相關性顯而易見,但是 $\text{cov}(\text{motheduc}, u) = 0$ 不能保證,因為 motheduc 與 abil 同樣存在相關性。如果引入此人的身分證號的後幾位作為工具變量,顯然 $\text{cov}(\text{number}, u) = 0$ 可以滿足,但是 $\theta_1 \neq 0$ 又難以保證。

這個例子說明,尋找一個好的工具變量來代替一個有內生性的解釋變量並不容易,因為工具變量兩個要求在現實中往往容易衝突,這也是為信息不完全而付出的代價。如何解決這個問題?自然而然想到尋找多個工具變量,使得工具變量組合滿足這兩個條件,這相對現實一些,產生的問題多了不一定是好事,可能造成估計 $\hat{\beta}$ 無法識別。

順帶提到,涉及工具變量迴歸,一般來說顯著性檢驗應該採用異方差穩健的標準差(White 標準差),因為不能假定 OLS3 成立。事實上在實證工作中基本上很難保證 OLS3 成立,所以現實的普遍做法是,如果沒有特殊理由,都採用異方差穩健的 t 檢驗。

[①] 關於系統的可識別問題將在聯立方程章節詳細介紹。

4.3.2 多工具變量與二階段最小二乘法

理想的單個工具變量很難尋找到，因此常常考慮多工具變量法。怎樣把這些工具用上去？這需要做些技術處理。

設模型 $Y = \beta_0 + \beta_1 X_1 + \cdots + \beta_k X_k + u$，其中 $\text{cov}(X_j, u) = 0, j = 1, \cdots, k-1$，僅僅有 $\text{cov}(X_k, u) \neq 0$，即只有 X_k 有內生性。令 $Z_1, Z_2, \cdots, Z_M$ 是 X_k 引入的工具變量，如果滿足 $\text{cov}(Z_h, u) = 0, \theta_h \neq 0, h = 1, \cdots, M$，那麼 $Z_1, Z_2, \cdots, Z_M$ 的任一線性組合也應該都是 X_k 的工具變量，即 $Z^* = \alpha_1 Z_1 + \cdots + \alpha_M Z_M$，都能滿足 $\text{cov}(Z^*, u) = 0$，且 $\text{cov}(Z^*, X_k) \neq 0$ 的條件。它們共同構成 X_k 的工具變量線性類 Z，於是問題變為選擇 Z 中的哪一個作為 X_k 的工具變量最好？直觀上當然是選擇與 X_k 最相關的工具變量。

我們先介紹操作方法，然後再回頭講理論：

第一步，用 X_k 對 $(1, X_1, \cdots, X_{k-1}, Z_1, \cdots, Z_M)$ 做 OLS 迴歸，得到擬合值 $\hat{X}_k$，則有：
$\hat{X}_k = \hat{\delta}_0 + \hat{\delta} X_1 + \cdots \hat{\delta}_{k-1} X_{k-1} + \hat{\theta}_1 Z_1 + \cdots \hat{\theta}_M Z_M$。（注意，必須加入 $X_1, \cdots, X_{k-1}$）

簡記成：X_k ON $1, X_1, \cdots, X_{k-1}, Z_1, \cdots, Z_M$。

第二步，用 Y 對 $(1, X_1, \cdots, X_{k-1}, \hat{X}_k)$ 再做 OLS 迴歸，得到的參數估計 $\hat{\beta}$，稱為 2SLS $\hat{\beta}$。簡記成：Y ON $1, X_1, \cdots, X_{k-1}, \hat{X}_k$。

上述兩步 OLS 方法就是二階段最小二乘法（2SLS）。2SLS 方法的要點為，在有內生性的解釋變量 X_k 的可選的工具變量集 $Z_1, Z_2, \cdots, Z_M$ 及其線性組合中，用 OLS 找一個好的工具變量 $\hat{X}_k$，再用 $\hat{X}_k$ 代替 X_k 用 OLS 找一個好的一致估計。

把只有一個解釋變量有測量誤差的情形推廣到有多個解釋變量有測量誤差的情形。如果懷疑 X_2 部分有測量誤差，同樣選擇工具集 $Z = (X_1, Z_2)$，其中每個有測量誤差的解釋變量至少要有一個以上相應的工具變量。

具體做法：設 $Y = X_1 \beta_1 + X_2 \beta_2 + u$，

(1) X_2 on Z，得 $\hat{X}_2 = Z (Z'Z)^{-1} Z' X_2$，

(2) Y on $X_1, \hat{X}_2$，得 2SLS $\hat{\beta} = (\hat{X}' \hat{X})^{-1} \hat{X}' Y, \hat{X} = (X_1, \hat{X}_2)$。

注意，不是 X_2 中每個分量對 $Z = (X_1, Z_2)$ 做 OLS，而是 X_2 整體對 $Z = (X_1, Z_2)$ 做 OLS。

兩個問題：

第一，以上的第一步稱為第一階段迴歸，第二步稱為第二階段迴歸。第一階段迴歸一定要把所有其餘無內生性的解釋變量放入迴歸中，否則，當工具變量集與其餘無內生性的解釋變量相關時，2SLS $\hat{\beta}$ 可能是不一致的。

第二，為保證第二階段 OLS $\hat{\beta}$ 具有可識別性，在第一階段中，對迴歸模型要做假設檢驗：

$H_0: \theta_1 = \theta_2, \cdots, \theta_M = 0$。這是模型部分系數為零的檢驗，可用 F 檢驗或者 W 檢驗和 LM 檢驗。一般而言 F 值小於 10，則認為 Z 為弱工具變量（弱識別），這就表明 Z 選擇不太好（Staiger 等, 1997）。特別當 X_k 取離散值，建議採用 OLS3 不成立的 LM 檢驗方法。

從理論上講，2SLS 方法其實就是工具變量法，論證見本章附錄。這也從一定意義上

解釋了與 X_k 最相關的工具變量是 $\widehat{X_k}$。用工具變量集 Z 來找到 $\widehat{X_k}$ 來代替內生的變量 X_k，這當然會和選擇什麼樣的工具集 $Z_1, Z_2, \cdots, Z_M$ 有關，多少增加了人為因素和主觀因素，這也往往是現實工作中工具變量方法被質疑的原因之一。不同工具變量的選擇得到的 2SLS $\widehat{\beta}$ 不一定相同，但是它的一致性和漸近正態性是有保證的。

定理：在假定 2SLS1—3 之下，$\sqrt{N}(\widehat{\beta}_{2SLS} - \beta)$ 是一致、漸近正態的，且有零均值，方差矩陣 $\text{Var}(\widehat{\beta}_{2SLS}) = \sigma^2 [E(\widehat{X}' \widehat{X})]^{-1}$，且在一切以 Z 為工具集的線性組合工具變量類中是有效的。

需要強調的是，太多的工具變量會造成對 β 的過度識別，導致降低估計的有效性，這需要採用過度識別檢驗（如 Sargan-Hansen 檢驗），因此，工具變量集的選擇並不是越多越好，這存在一個工具變量集取優的問題。

4.3.3 2SLS 對隱形（忽略、不可觀測）變量的多指標處理

變量被忽略或不可觀測是實證工作中常常遇到的情況，處理的方法也有很多，前面就介紹過代理變量的方法。本節從 2SLS 的角度給出一種多指標處理的新思路。

對存在隱形變量的模型：$Y = \beta_0 + \beta_1 X_1 + \cdots + \beta_k X_k + \gamma q + v$，其中 q 不可觀測或被忽略，因此 q 被隱藏在誤差項 u 中，$u = \gamma q + v$。所以實際上觀察到的模型看起來應該是 $Y = \beta_0 + \beta_1 X_1 + \cdots + \beta_k X_k + u$。如果 q 被觀察到，就不會存在內生性，即 $E(v|X,q) = 0$，但是現在肯定存在內生性。假設 q 被忽略造成了內生性，即 $\text{cov}(X_k, u) \neq 0$。考慮一個既滿足代理變量要求，又滿足工具變量要求的工具變量集 $Z = (Z_1, \cdots, Z_M)$，即：

（1）$E(Y|X,q,Z) = E(Y|X,q)$，Z 滿足代理變量的要求。

（2）$\text{cov}(U,Z) = 0, \text{cov}(X_k, Z) \neq 0$，$Z$ 滿足工具變量的要求。

那麼使用這個 Z 代替 X_k 當然可以得到 β 的一致、漸近正態的估計 2SLS $\widehat{\beta}$，問題是我們不清楚 q 隱形帶來了哪個 X 的內生，也就不知道找什麼 Z 去代替誰迴歸。

換一個思路，即多指標處理：

如果我們有反應 q 的兩個以上的指標 q_1 和 q_2，它們都可觀測，其中 q_1 滿足代理變量的要求 $E(Y|X,q) = E(Y|X,q,q_1)$，不妨設 $q_1 = \delta_0 + \delta_1 q + \alpha_1, \delta_1 \neq 0$。當然，這種情況下 $\text{cov}(q_1, \alpha_1) \neq 0$。如果 q_1 是 q 的好的代理變量，我們所做的迴歸是：

$$Y = \beta_0 + \beta_1 X_1 + \cdots + \beta_k X_k + \beta_{k+1} q_1 + \varepsilon$$
$$= \beta_0 + \beta_1 X_1 + \cdots + \beta_k X_k + \beta_{k+1} (\delta_0 + \delta_1 q + \alpha_1)$$
$$= (\beta_0 + \beta_{k+1} \delta_0) + \beta_1 X_1 + \cdots + \beta_k X_k + \beta_{k+1} \delta_1 q + (\beta_{k+1} \alpha_1) + \varepsilon$$

既然是好的代理變量，上述迴歸應該沒有內生性了，所以 $\text{cov}(q, \alpha_1) = 0$ 且 $\text{cov}(X, \alpha_1) = 0$。既然 $q_1 = \delta_0 + \delta_1 q + \alpha_1$，因此 $q = -\frac{\delta_0}{\delta_1} + \frac{1}{\delta_1} q_1 - \frac{\alpha_1}{\delta_1}$。將其代入原設定正確的模型，得到：

$$Y = \left(\beta_0 - \frac{\gamma \delta_0}{\delta_1}\right) + \beta_1 X_1 + \cdots + \beta_k X_k + \frac{\gamma}{\delta_1} q_1 + \left(-\frac{\gamma}{\delta_1} \alpha_1 + v\right) \quad (1)$$

顯然殘差 $u = \left(-\frac{\gamma}{\delta_1} \alpha_1 + V\right)$。因為 $\text{cov}(q_1, \alpha_1) \neq 0$，所以用代理變量法得到的 OLS

估計結果就不一致了。於是我們繼續找 q_2 作為 q_1 的工具變量(此時至少已經知道是 q_1 有內生性)，不妨設 $q_2 = \rho_0 + \rho_1 q_1 + \alpha_2$，所以 $q_1 = \dfrac{1}{\rho_1} q_2 - \dfrac{\rho_0 + \alpha_2}{\rho_1}$，代入方程(1)可得：

$$Y = \left(\beta_0 - \dfrac{\gamma \delta_0}{\delta_1}\right) + \beta_1 X_1 + \cdots + \beta_k X_k + \dfrac{\gamma}{\delta_1 \rho_1} q_2 - \left[\dfrac{\gamma(\rho_0 + \alpha_2)}{\delta_1 \rho_1} + v - \dfrac{\gamma}{\delta_1}\alpha_1\right] \quad (2)$$

該迴歸殘差 $u' = -\left[\dfrac{\gamma(\rho_0 + \alpha_2)}{\delta_1 \rho_1} + v - \dfrac{\gamma}{\delta_1}\alpha_1\right]$。同樣，如果 q_2 作為 q_1 的工具變量足夠理想的話，必須滿足外生條件，即 q_2 必須外生於方程(1)，所以 $\text{cov}(q_2, \alpha_1) = 0$。接下來迴歸變為：

$$Y = \eta_0 + \eta_1 X_1 + \cdots + \eta_k X_k + \beta_{k+1} q_1 + \vartheta$$
$$= \eta_0 + \eta_1 X_1 + \cdots + \eta_k X_k + \eta_{k+1}\left(\dfrac{1}{\rho_1} q_2 - \dfrac{\rho_0 + \alpha_2}{\rho_1}\right) + \vartheta$$
$$= \eta_0 + \eta_1 X_1 + \cdots + \eta_k X_k + \dfrac{\beta_{k+1}}{\rho_1} q_2 - \dfrac{(\rho_0 + \alpha_2)\beta_{k+1}}{\rho_1} + \vartheta$$

既然 q_2 是 q_1 的理想工具變量，上述迴歸同樣就不再有內生性了，即 $\text{cov}(q_2, \alpha_2) = 0$ 且 $\text{cov}(X, \alpha_2) = 0$。現在回到方程(2)，經過上述推導，可以證明方程(2)的殘差和自變量不相關。

首先，由最初始的原模型正確設定，知 $\text{cov}(X, v) = 0$；其次，前面已經分別證明 $\text{cov}(X, \alpha_1) = 0, \text{cov}(X, \alpha_2) = 0$。綜上，在方程(2)中 X 和殘差無關。再次，前面也已經分別證明 $\text{cov}(X, \alpha_2) = 0, \text{cov}(X, \alpha_2) = 0$。所以在方程(2)中 q_2 與殘差也無關。這樣就可以採用 2SLS 的方法得到一致估計。不過，由於 δ_1 不可知，所以，q_2 作為 q_1 的工具變量得到的估計沒有可解釋性，q_2 的系數不可識別，但 $\widehat{\beta}_1, \cdots, \widehat{\beta}_k$ 是有意義的。

需要注意的是：第一，因為我們觀察不到 q，所以 γ 不可識別可以理解。這種對隱形變量採用工具變量法的做法稱為多指標處理，在實際中被廣泛應用。第二，多指標處理與直接把 q 當成殘差的一部分，採用直接的工具變量法的區別在於，當我們把 q 放入誤差項中採用直接的工具變量法，必須在 $X_1, \cdots, X_k$ 中決定哪個或哪些解釋變量與 q 相關，從而將隱形變量的問題轉化為解決某個或某些 X 有內生性的問題，然後找相應工具變量替代 X，這比較麻煩也難以判斷準確。而多指標處理不需要在 X 中找哪些變量與 q 相關，只要把 q_1 作為 q 的代理變量，q_2 作為 q_1 的工具變量即可，因此在遇到隱形變量的時候盡量考慮使用多指標處理。

4.3.4 OLS 方法與 2SLS 方法的區別

由於內生性 $E(X'u) \neq 0$，$\text{OLS}\widehat{\beta}$（有偏）不一致，但它的標準差較小；$2\text{SLS}\widehat{\beta}$ 漸近無偏、一致，但它的標準差較大，從擬合的意義上，這意味著 $2\text{SLS}\widehat{\beta}$ 的有效性比 $\text{OLS}\widehat{\beta}$ 差。特別的，當工具變量選得不好，與內生變量 X_k 只有很弱的相關性，即 $\text{cov}(Z, X_k)$ 很小造成工具變量弱識別，甚至 $\text{cov}(Z, u) \neq 0$，即工具變量集的選擇外生性不能得到保證時，$2\text{SLS}\widehat{\beta}$ 不一致，估計效果會很差。因此不論 $X_1, \cdots, X_k$ 是否有內生性，只要假設檢驗接受 $X_1, \cdots, X_k$

的外生性，就用 OLS 而不用 2SLS。一旦有內生性，OLS 則不可取，我們只能損失估計的有效性從而保證一致性，轉向用 2SLS。

內生性檢驗方法將在後面予以介紹。

4.4 二階段最小二乘法的理論

前面為解決問題，沒有詳細介紹二階段最小二乘法的理論，先介紹具體的實現機制和原理。本節從理論層面進一步介紹二階段最小二乘法。

4.4.1 二階段最小二乘原理

把 $Y = \beta_0 + \beta_1 X_1 + \cdots + \beta_k X_k + u$ 分塊寫成 $Y = X_1\beta_1 + X_2\beta_2 + u, X = (X_1, X_2), \beta = \begin{pmatrix} \beta_1 \\ \beta_2 \end{pmatrix}$ 兩部分。其中 X_1 為外生性部分，X_2 為內生性部分。適當的選擇工具變量集 $Z = (1, Z_1, \cdots, Z_{L-1})$。$Z$ 是一個向量，且 Z 中包含 X_1（常數項和外生變量部分必須包括在工具集 Z 中）。除非 X_2 是空集，否則至少要從系統外部獲取多於懷疑有內生性變量個數的可觀測變量（詳見第五章聯立方程模型系統可識別的階條件）。給出如下假設：

2SLS1：$E(Z'u) = 0$（工具變量外生性條件）。

2SLS2：秩 $E(Z'Z) = L$（列滿秩條件，即工具變量內部不再相關），秩 $E(Z'X) = K$（工具變量可識別條件）。

2SLS3：$E(u^2 Z'Z) = \sigma^2 E(Z'Z), \sigma^2 = E u^2$（$u$ 和 Z 獨立同方差條件）。

在該假設條件下，2SLS $\hat{\beta}$ 是一致的、漸近正態的、相對有效的估計。

注意，同 OLS 方法比較，區別在於引入了工具集 Z。注意這個 Z 的成分。

證明過程詳見本章附錄 6。

4.4.2 廣義工具變量

廣義工具變量的引入是為了解決內生性的假設檢驗問題。

工具變量是從外部直接引入的，而廣義工具變量則是按一定規則從外部或內部生成的。在一定條件下，這種按規則生成的數據能滿足工具變量的要求。其實二階段最小二乘中第二階段用的就可以理解為廣義工具變量。一般地講：

設模型 $Y = \beta_0 + \beta_1 X_1 + \cdots + \beta_k X_k + \gamma q + u = X\beta + \gamma q + u$，$q$ 不可觀測。假設 q 可以寫成函數 $q = f(w, \delta)$，其中自變量 w 可觀測或可間接獲取，且 f 形式已知，δ 是未知參數（例如 q 是 w 的線性函數）。如果能夠得到未知參數 δ 的一致估計 $\hat{\delta}$，那麼 $\hat{q}_i = f(w_i, \hat{\delta}_i)$ 可以一致估計 q，即用估計 $\hat{q}$ 作為 q 的廣義工具變量。因為 $\hat{q}$ 不是直接獲取的數據，而是利用其他數據和規則生成的數據，所以這種工具變量是廣義的。當 $E(u|X, w) = 0$ 時，用 $\hat{q}$ 代理 q 對原模型進行 OLS 估計是漸近一致的。

再一個問題是,儘管工具變量或二階段最小二乘實施起來比較方便自由,且有良好的統計性質,是不是意味著選擇工具變量越多越好?這個問題有點微妙,更多的工具變量當然能更好地保證估計的一致性效果,但會增大估計的標準差。特別是工具變量選擇不好的時候,標準差很大,在有限樣本下估計效果很差,幾乎就沒起到工具變量的作用。因此,我們在事前需要對工具變量進行篩選,事後需要對工具變量進行過度識別檢驗。當然前提是確認需要使用 2SLS $\hat{\beta}$。下面我們完善二階段最小二乘法這些方面的工作。

4.4.3 存在內生性的假設檢驗

在同時擁有 2SLS $\hat{\beta}$ 和 OLS $\hat{\beta}$ 的情況下,究竟應該用 2SLS $\hat{\beta}$ 還是 OLS $\hat{\beta}$,需要通過假設檢驗來做事後判斷。

1. 內生性存在檢驗

設 $\hat{\beta}_{2sls}$ 和 $\hat{\beta}_{ols}$ 是模型的不同估計,$V_{ols}=\mathrm{cov}(\hat{\beta}_{ols})$ 和 $V_{2sls}=\mathrm{cov}(\hat{\beta}_{2sls})$ 是模型不同估計下的協方差陣。Hauseman(1978)證明:

統計量 $H=(\hat{\beta}_{2sls}-\hat{\beta}_{ols})'(V_{2sls}-V_{ols})^{-1}(\hat{\beta}_{2sls}-\hat{\beta}_{ols})\sim\chi_k^2$

有了這個分佈,可以做假設檢驗:$H_0:\hat{\beta}_{2sls}-\hat{\beta}_{ols}=0, H_0:\hat{\beta}_{2sls}-\hat{\beta}_{ols}\neq 0$。

這個檢驗的意思是,如果沒有內生性,那麼這兩個估計都具有一致性,二者差異應該不大,故不能拒絕 H_0,表示整體不存在內生性,應該採用 OLS $\hat{\beta}$。如果拒絕 H_0,表示差異具有顯著性,X 中至少有一個解釋變量存在內生性,應該採用 2SLS $\hat{\beta}$。但是這種檢驗方法涉及要求非常麻煩的廣義逆矩陣問題,因為 $V_{2sls}-V_{ols}$ 往往具有奇異性,所以 Hauseman(1983) 又提出了一個基於迴歸形式的簡便的內生性檢驗方法。

為準確理解該方法的檢驗思想,先考慮只有一個變量有內生性的情況。

設 $Y=\beta_0+\beta_1X_1+\cdots+\beta_{k-1}X_{k-1}+\beta_kX_k=u$,我們懷疑變量 X_k 有內生性,選擇工具變量 Z 使得 $(X_1,\cdots,X_{k-1})\subset Z$,且滿足兩個條件:第一,$E(Z'u)=0$(外生性條件);第二,$Z$ 中至少有一個不屬於 $(X_1,\cdots,X_{k-1})$ 的元素 Z_k 與 X_k 相關(相關性條件)。用 X_k 對 Z 迴歸,得 $X_k=\pi Z+v$,因此 $Y=\beta_0+\beta_1X_1+\cdots+\beta_{k-1}X_{k-1}+\beta_k(\pi Z+v)+u$。因為 X_k 有內生性,顯然 $\mathrm{cov}(X_k,u)\neq 0$,但是 $E(Z'u)=0$,那麼一定是 $\mathrm{cov}(v,u)\neq 0$。將 u 投影為 $u=\rho v+e$,所以 $Y=\beta_0+\beta_1X_1+\cdots+\beta_{k-1}X_{k-1}+\beta_kX_k+\rho v+e$。這裡 v 雖然不可觀測,但是根據廣義工具變量定理,用 v 的擬合值 $\hat{v}$ 代替 v 可以實現對 v 的一致估計。因此,設定模型為:

$$Y=\beta_0+\beta_1X_1+\cdots+\beta_{k-1}X_{k-1}+\beta_kX_k+\rho\hat{v}+e'X_k+e'$$

迴歸並進行單參數的假設檢驗 $H_0:\rho=0$。如果拒絕原假設,說明 $\mathrm{cov}(v,u)\neq 0$ 具有顯著性,即認為 X_k 有內生性成立,我們就採用 2SLS 估計,否則採用 OLS 估計。

這個檢驗思想實際上很好理解,如果 X_k 對 Z 迴歸後的殘差值還會對 Y 產生影響,當然意味著原方程中遺漏了重要的解釋變量。

Hauseman 檢驗的關鍵在於 ρ,即通過工具變量 2SLS 的第一步迴歸(懷疑有內生的變量與工具變量進行迴歸),得出殘差的擬合值 $\hat{v}$,然後放入原模型中得出 $\hat{v}$ 前的係數 ρ,進行 t 檢驗。在異方差穩健假定下,只懷疑一個變量有內生性,可選用異方差穩健標準差進行 t 檢驗,檢驗原理並沒有太大差別。當懷疑多個變量有內生性時,檢驗思路也沒有變

化，唯一需要注意的是在第一步需要讓每一個懷疑有內生性的變量都與 Z 做迴歸，然後用殘差形式的 F 檢驗或 LM 檢驗代替 t 檢驗。在實證研究中，由於我們多數情況下只關注其中一個核心解釋變量對結果的影響而控制其他變量，即只關注和闡述一個機制，因此也只關注核心解釋變量的內生性問題，對其他變量的內生性問題，因為它們並不會影響核心變量系數的估計偏差，所以往往不做處理。

2. 過度識別檢驗

當工具變量集中包含很多工具變量時，可能會出現工具變量過度識別的問題，太多的工具變量會影響迴歸結果的有效性。因此，當迴歸效果不是很好時，需要進行工具變量的過度識別檢驗，淘汰掉一些相關性很差的工具變量。過度識別檢驗實際上是對選擇的工具變量集 Z 進行外生性檢驗。

設 $Y = X'\delta_1 + X\alpha_1 + u_1$，其中 X' 是沒有內生性的部分。工具集 $Z = (X', Z_2)$，其中 Z_2 中外生變量（「新增」的工具變量）的個數 L_2 大於 X 中可能懷疑的內生性變量個數 G_1，一般在實證研究中重點關注一個內生性變量，而我們找到兩個、兩個以上或更多的工具變量，就存在這個問題了。提出的命題是檢驗 $H_0: E(Z'\hat{u}_1) = 0$，含義是，引入更多的工具集中的工具變量與誤差項不相關。

檢驗的思想同內生性檢驗相似，利用殘差作為廣義工具變量，採用 LM 檢驗。如果 2SLS 3 成立，具體步驟為：

第一步，用 Z 對 $Y = X'\delta_1 + X\alpha_1 + u_1$ 做 2SLS，得 2SLS 殘差 $\hat{u}_1$；

第二步，再用 $\hat{u}_1$ 對 Z 做迴歸，得可決系數 R_u^2；

第三步，$LM = NR^2 \sim \chi^2_{L_2 - G_1}$。

拒絕 H_0 說明工具變量 Z 存在過度識別，需要減少過多的工具變量 Z，例如一個一個地從 Z_2 中減少工具的個數。但當工具變量的個數減到接近或等於 G_1 時，即使發現不能拒絕 H_0，也可能是 H_0 本身是假的，即 H_0 為假卻接受了，也就是說在工具變量個數接近內生變量個數時，犯第二類錯誤的概率很大。

如果 2SLS 3 不成立，檢驗過程稍微複雜一些，依然可以實現：

第一步，用 Z 對 $Y = X'\delta_1 + X\alpha_1 + u_1$ 做 2SLS，得 2SLS 殘差 $\hat{u}_1$；

第二步，用 X 對 Z 做迴歸，得擬合值 $\hat{X} = Z\hat{\beta}$；

第三步，從 Z_2 中任取 G_1 個子集 h_2, h_2 對 X' 和 $\hat{X}$ 做迴歸，得殘差 $\hat{\gamma}_2$；

第四步，$\hat{u}_1$ 與 $\hat{\gamma}_2$ 相應分量對應做乘法 $\hat{u}\hat{r}_{21}$；

第五步，做迴歸得 SSR_0；

第六步，$LM = SSR_0 \sim \chi^2_{G1}$。

拒絕 H_0 表示 Z 作為工具變量集不合適，存在過度識別的可能。

關於過度識別需要注意的是：第一，當工具變量集中工具變量個數不是很大時，做工具變量的過度識別沒有太大意義；第二，其他的檢驗方法例如函數形式的檢驗（RESET 檢驗）、異方差檢驗等相對不重要，因為函數形式的設定偏誤和異方差總是客觀存在的，關鍵是它們影響程度的大小。除非有些時候特別需要，例如 OLS $\hat{\beta}$ 和 2SLS $\hat{\beta}$ 都不理想，樣本容量又不能增加，那麼檢驗函數形式或檢驗異方差，然後嘗試採用廣義最小二乘（GLS）來提

計量經濟學

高有效性。有關 GLS 將在聯立方程模型中統一介紹。

3.2SLS $\hat{\beta}$ 的假設檢驗

2SLS $\hat{\beta}$ 的單參數的假設檢驗問題同 OLS $\hat{\beta}$ 是一樣的,僅需說明在 2SLS 3 不成立之下要運用異方差穩健的標準差,相比 OLS $\hat{\beta}$ 略做調整。對於整體性或部分系數為零的檢驗問題,即使 2SLS 1—3 成立,用 2SLS $\hat{\beta}$ 也不能簡單地用 F 檢驗,因為 F 分佈不再成立。我們希望有一個類似於 OLS $\hat{\beta}$ 那樣的,基於殘差表達的 F 類型的檢驗,這裡我們給出檢驗的步驟:

設 $Y = \hat{X}_1 \beta_1 + \hat{X}_2 \beta_2 + u$,$X_1$ 有 K_1 列包含常數項,X_2 也有 K_2 列,且 X_1 和 X_2 都可能有內生性解釋變量。設 Z 是有 L 個工具變量的工具變量集,有 $L \geq K_1 + k_2$。

檢驗 $H_0: \beta_2 = 0$:

第一步,對 $Y = \hat{X}_1 \beta_1 + \hat{X}_2 \beta_2 + u$ 做 2SLS,由此得到殘差向量 $\hat{u}$ 和 $SSR_{ur} = \sum_{i=1}^{N} \hat{u}_i^2$;

第二步,X_1 和 X_2 對 Z 做迴歸得:$\hat{X}_1 = Z(Z'Z)^{-1}ZX_1$ 和 $\hat{X}_2 = Z(Z'Z)^{-1}Z'X_2$;

第三步,對 $Y = \hat{X}_1 \beta_1 + \hat{X}_2 \beta_2 + u$ 做 OLS,記殘差平方和為 $\hat{SSR}_{ur}$;又對 $Y = \hat{X}_1 \beta_1 + u$ 做 OLS,記殘差平方和為 $\hat{SSR}_r$;

第四步,當 $H_0: \beta_2 = 0$ 為真,$F = \dfrac{\hat{SSR}_r - \hat{SSR}_{ur}}{\hat{SSR}_{ur}} \dfrac{N - K_1 - K_2}{K_2} \sim F(K_2, N - K_1 - K_2)$。

用 LM 檢驗也很方便,步驟如下:

第一步,對 $Y = X_1 \beta_1 + u_1$,如果 X_1 中沒有內生性變量,就做 OLS。如果 X_1 中有內生性變量,就以 Z 為工具做 2SLS,得殘差 $\hat{u}_1$;

第二步,X_1 和 X_2 對 Z 做迴歸得:$\hat{X}_1 = Z(Z'Z)^{-1}Z'X_1$ 和 $\hat{X}_2 = Z(Z'Z)^{-1}Z'X_2$;

第三步,對 $\hat{u}_1 = \hat{X}_1 \theta_1 + \hat{X}_2 \theta_2 + \gamma$ 做 OLS,得到非中心判定系數 $R_{u_1}^2$;

第四步,$LM = NR_{u_1}^2 \sim \chi_{k_2}^2$。

如果 2SLS3 不成立,可以用 Wald 檢驗如下:

同 OLS 方法類似,不過 Wald 統計量中漸近方差矩陣 $\text{Avar}(\hat{\beta}) = \hat{\sigma}^2 \hat{X}' \hat{X}$ 的估計改成:

$$\text{Avar}(\hat{\beta}) = (\hat{X}' \hat{X})^{-1} \Big(\sum_{i=1}^{N} \hat{u}_i^2 X_i' X_i \Big) (\hat{X}' \hat{X})^{-1}$$

有限樣本時再乘上 $\dfrac{N}{N-k}$ 作為自由度的調整,這裡 $\hat{X} = [Z(Z'Z)^{-1}Z']X$,$\hat{u}$ 是殘差,$\hat{u}_i = Y_i - X_i \hat{\beta}_i$,$i = 1, \cdots, N$。

2SLS3 不成立時用 LM 檢驗更加方便:

第一步,殘差 $\hat{u}_1$ 和擬合值 $\hat{X}_1$,$\hat{X}_2$ 如前述;

第二步,X_2 中每個分量 $\hat{X}_{2j}$ $(j = 1, \cdots, K_2)$ 對 $\hat{X}_1$ 做迴歸,得殘差 $\hat{\gamma}$;

第三步,1 對 $\hat{u}_1 \hat{\gamma}$ 做迴歸,得殘差平方和 SSR_0;

第四步,$LM = N - SSR_0 \sim \chi_{k_2}^2$。

例:$\ln(\text{wage}) = \beta_0 + \beta_1 \text{exper} + \beta_2 \text{exper}^2 + \beta_3 \text{educ} + u$。用 educ 作為 abilit 的代理,懷疑 educ 有內生性。選擇 educ 的工具集是父母親的教育和丈夫的教育:motheduc、fatheduc、huseduc,做 2SLS,那麼:

(1) educ on 1、exper、exper²、motheduc、fatheduc、huseduc，得$\widehat{educ}$和殘差$\hat{u}$；
(2) ln(wage) on 1、exper、exper²、$\widehat{educ}$得2SLS估計：
ln($\widehat{wage}$) = -0.187 + 0.043exper - 0.000,86exper² + 0.080educ。
　　　　　　(0.285)　　(0.013)　　(0.000,4)　　　　(0.022)

得到教育對工資增長率的貢獻為8%，標準差為0.022，而OLS方法估計的結果是10.7%，標準差為0.014。但Hausman檢驗的結果：ln(wage) on1、exper、exper²、$\widehat{educ}$和$\hat{u}$，得$\hat{\rho}$ = 0.047，$t_{\hat{\rho}}$ = 1.65。給α = 0.1，則拒絕$H_0:\rho = 0$。故內生性存在，選擇2SLS估計。OLS方法存在教育對工資增長率的高估。

4.4.4　來源於自然實驗的工具變量

如何尋找有效的工具變量？如果我們知道解釋變量X_k有內生性，那麼作為它的工具集Z，就要求Z與X_k高度相關，且與誤差項U不相關，這對於一般的工具變量來說比較難實現。關鍵是很多時候你找到的工具變量也有內生性！但如果能夠找到這樣一個自然實驗，即這個實驗不是研究者有計劃安排的社會事件，因此該事件往往與研究的問題沒有直接聯繫，與誤差項U不相關完全可以滿足，又如果恰好來源於這個自然實驗的工具變量Z與X_k有關，它就成為一個非常好的工具變量。

一個經典的例子是Steven Levitt(1997)在 aer 發表的論文，雖然在幾年後他重新修訂了這篇文章尋找的具體工具變量，但是思路並沒有發生改變，我們仍然以此為例。用「警力規模」作為犯罪率的解釋變量，顯然警力與犯罪率互為因果。選擇「市政選舉時機」作為工具變量來識別警力對犯罪率的影響，這裡「市政選舉時機」就是一個自然實驗。顯然選舉期與誤差項不相關，但與警力規模密切相關。因此，警力規模變化的那部分恰恰就反應了警力的外生性變化而不受到犯罪率的影響。

另一個稍顯複雜卻同樣有趣的例子是Angrist(1990)在 aer 發表的論文。他考察美國越戰老兵的入伍經歷對他日後工資的影響，建立的模型是：

$$y_{Cti} = \beta_C + \delta t + s_i\alpha + \varepsilon_{it}$$

技術上處理，這裡y為工資有三個下標，c是組標、t是時標、i是個標。β_C是同組的工資效應、δt是同時的工資效應、α為關注的越戰老兵的工資效應，s_i是虛擬變量表示個體i是否在越戰中服役。問題是「應召入伍」不是一個隨機事件，而是一個複雜的自選擇過程，其中有太多不可觀測的因素存在，且這些因素也同時影響工資。一般而言，那些在市場上選擇機會不多、工資又少的人更可能應徵。因此s_i具有明顯的內生性，用OLS方法會造成α的不一致估計。自然實驗選擇的是當時的抽簽徵兵制度。歷史上該制度對19~26歲男公民按生日分配一個隨機號，那一年的門檻號是195，即凡是低於195的公民將應徵。於是選擇小於門檻號的隨機數作為虛擬變量並作為s_i的工具變量。它與s_i是強相關的，但同時抽簽號是一個隨機號，它與工資水準是無關的。結果表明，白人老兵的工資水準大大低於沒有服過兵役的白人，差距約為3,500美元，而對非白人組群則沒有顯著性。

需要注意的是，來源於自然實驗的工具變量往往和政策效果評估聯繫在一起，另一種評估政策效果的手段就是自然實驗本身，即通過雙重差分(DID)和傾向評分匹配(PSM)，

在經濟學中做出類似自然科學實驗的操作，從而研究政策帶來的淨效應，那就需要首先將樣本分為處理組（實驗組）和對照組（控制組），可以詳細參考因果識別方面的相關文獻和教材。

本章附錄

1. OLS $\widehat{\beta}$ 是 β 的一致估計

$$\widehat{\beta} = \left\{ N^{-1} \sum_{i=1}^{N} [X'_{(i)} X_{(i)}] \right\}^{-1} \left(N^{-1} \sum_{i=1}^{N} X'_{(i)} Y_{(i)} \right)$$

$$= \left\{ \sum_{i=1}^{N} \begin{pmatrix} x_{1i} \\ \vdots \\ x_{ki} \end{pmatrix}_{(i)} (x_{i1}, \cdots, x_{ik})_{(i)} \right\}^{-1} \left[\sum_{i=1}^{N} \begin{pmatrix} x_{1i} \\ \vdots \\ x_{ki} \end{pmatrix}_{(i)} y_i \right]$$

$$= \left\{ \sum_{i=1}^{N} \begin{pmatrix} x_{1i} \\ \vdots \\ x_{ki} \end{pmatrix} x_{i1} \cdots \sum_{i=1}^{N} \begin{pmatrix} x_{1i} \\ \vdots \\ x_{ki} \end{pmatrix} x_{ik} \right\}^{-1} \begin{pmatrix} \sum_{i=1}^{N} x_{1i} y_i \\ \vdots \\ \sum_{i=1}^{N} x_{ki} y_i \end{pmatrix}$$

$$= \left\{ \begin{pmatrix} x_{11} & \cdots & x_{1n} \\ \vdots & \ddots & \vdots \\ x_{k1} & \cdots & x_{kn} \end{pmatrix} \begin{pmatrix} x_{11} & \cdots & x_{1k} \\ \vdots & \ddots & \vdots \\ x_{n1} & \cdots & x_{nk} \end{pmatrix} \right\}^{-1} \begin{pmatrix} x_{11} & \cdots & x_{1n} \\ \vdots & \ddots & \vdots \\ x_{k1} & \cdots & x_{kn} \end{pmatrix} \begin{pmatrix} y_1 \\ \vdots \\ y_n \end{pmatrix}$$

$$= (X'X)^{-1} XY$$

又由：

$$\widehat{\beta} = \left\{ N^{-1} \sum_{i=1}^{N} [X'_{(i)} X_{(i)}] \right\}^{-1} \left(N^{-1} \sum_{i=1}^{N} X'_{(i)} (X_{(i)} \beta + u_i) \right)$$

$$= \beta + \left\{ N^{-1} \sum_{i=1}^{N} [X'_{(i)} X_{(i)}] \right\}^{-1} \left\{ N^{-1} \sum_{i=1}^{N} X'_{(i)} u \right\}$$

由 WLLN 和連續映射定理及 $E(X'X)$ 非奇異，得：

$$\left[\frac{1}{N} \sum_{i=1}^{N} (X'_{(i)} X_i) \right]^{-1} \xrightarrow{P} [E(X'X)]^{-1}$$

和

$$\frac{1}{N} \sum_{i=1}^{N} (X'_{(i)} u) \xrightarrow{P} E(X'u) = 0$$

所以 $\widehat{\beta} \xrightarrow{P} \beta$，即 OLS $\widehat{\beta}$ 是 β 的一致估計。

2. OLS3 不能保證的異方差問題

當 OLS3 不成立的時候，即傳統觀點下的異方差假定，$B \neq \sigma^2 A$，那麼 $\widehat{\beta}$ 的漸近方差估

計是 $\widehat{\mathrm{Avar}}(\widehat{\beta}) = A^{-1} B A^{-1} / N$，但是 B 未知，由於

$$N^{-1} \sum_{i=1}^{N} u_i^2 X_i' X_i \xrightarrow{P} E(u^2 X'X)$$

我們用 OLS 殘差 $\widehat{u}_i = Y_i - X_i\widehat{\beta}$ 代替誤差 U，可得到 B 的一致估計，

$$\widehat{B} = N^{-1} \sum_{i=1}^{N} \widehat{u}_i^2 X_i' X_i$$

進而得到 $\widehat{\beta}$ 的漸近方差估計是：

$$\widehat{\mathrm{Avar}}(\widehat{\beta}) = \frac{A^{-1} \widehat{B} A^{-1}}{N} = \frac{1}{N} \left(\frac{1}{N}\sum_{i=1}^{N} X_i' X_i\right)^{-1} \left(\frac{1}{N}\sum_{i=1}^{N} u_i^2 X_i' X_i\right) \left(\frac{1}{N}\sum_{i=1}^{N} X_i' X_i\right)^{-1}$$

$$= (X'X)^{-1} \left[\sum_{i=1}^{N} u_i^2 X_i' X_i\right] (X'X)^{-1} = (X'X)^{-1} X' \begin{pmatrix} \widehat{u}_1^2 & \cdots & 0 \\ \vdots & \ddots & \vdots \\ 0 & \cdots & \widehat{u}_n^2 \end{pmatrix} X (X'X)^{-1}$$

此稱為異方差穩健協方差矩陣估計。

矩陣 $\widehat{\mathrm{Avar}}(\widehat{\beta})$ 中對角線元素的平方根稱為 $\widehat{\beta}_i$ $i = (1,\cdots,k)$ 的標準差，稱為異方差穩健標準差（也稱 White 標準差）。將異方差穩健標準差 $s_{\widehat{\beta}_i}$，同 OLS3 條件成立時的標準差 $\widehat{\sigma}$、相比較，常放在 $\widehat{\beta}_i$ 的下方，可對異方差的嚴重性有一個初步認識。

3. LM 檢驗的基本思想

假設約束為 $C(\beta) - q = 0$，其中 $C(\beta)$ 可以是 β 的非線性函數，設秩 $\left(\frac{\partial C(\beta)}{\partial \beta}\right) = r$，最大化對數似然函數：$\widetilde{L}(\beta,\lambda) = \ln L(\beta) + \lambda'(C(\beta) - q)$，由一階條件：

$$\frac{\partial \widetilde{L}}{\partial \beta} = \frac{\partial \ln L}{\partial \beta} + C'(B)\lambda = 0 \ ; \ \frac{\partial \widetilde{L}}{\partial \lambda} = c(\beta) - q = 0$$

求得約束條件 $C(\beta) - q = 0$ 下的對數似然函數估計 $\widehat{\beta}_R$。

統計思想：若約束有效，加入約束將不會導致似然函數 $L(\beta)$ 最大值的顯著不同，這意味著 $C'(\beta)\lambda$ 會是一個小量。特別，求得約束條件下 $\widehat{\beta}_R, C'(\widehat{\beta}_R)$ 為已知，則 λ 將是一個小量，常稱為得分，故 $\frac{\partial \ln L(\widehat{\beta}_R)}{\partial \widehat{\beta}_R} = -C'\lambda = 0$。但是 $C'(B)\lambda$ 是一個向量，為便於檢驗，改成二次型的形式，使其成為標量。只要 $C'(B)\lambda$ 具有漸近正態性，特定的二次型就會有 χ^2 分佈的形式。於是，可得拉格朗日檢驗統計量。可以證明：

$$\mathrm{LM} = \left(\frac{\partial \ln L(\widehat{\beta}_R)}{\partial \widehat{\beta}_R}\right)' (I(\widehat{\beta}_R))^{-1} \left(\frac{\partial \ln L(\widehat{\beta}_R)}{\partial \widehat{\beta}_R}\right)$$

$$= \lambda' C'(\widehat{\beta}_R) (\mathrm{cov}(\widehat{\beta}_R))^{-1} C^{-1}(\widehat{\beta}_R) \lambda \xrightarrow{d} \chi_r^2$$

於是對假設檢驗問題 $H_0: C(\beta) - q = 0$，可做 LM 檢驗，大的 LM 值拒絕 H_0。

特別當 $C(\beta) - q$ 為線性約束 $R\beta = q$，則 LM 統計量就有非常好的約化形式。

設約束條件為 $R\beta = q$，且 $\varepsilon \sim N(0,\sigma^2)$，得到對數似然函數是：

$$\ln L(\beta, \sigma^2 | Y, X) = -\frac{n}{2}\ln 2\pi - \frac{n}{2}\ln \sigma^2 - \frac{1}{2\sigma^2}\varepsilon'\varepsilon, \varepsilon'\varepsilon = \sum_{i=1}^{n}(Y_i - X_i\beta)^2$$。求得約束條件下的 $\hat{\beta}_R$。再由,

$$\mathrm{LM} = \left(\frac{\partial \ln L(\hat{\beta}_R)}{\partial \hat{\beta}_R}\right)'(I(\hat{\beta}_R))^{-1}\left(\frac{\partial \ln L(\hat{\beta}_R)}{\partial \hat{\beta}_R}\right)$$

令 $e_R = Y - X\hat{\beta}_k, \sigma_R^2 = \dfrac{e_R' e_R}{n}$,

則 $\dfrac{\partial \ln L(\hat{\beta}_R)}{\partial \hat{\beta}_R} = \dfrac{1}{\hat{\sigma}_R^2} X'_{e_R}, (I(\hat{\beta}_R))^{-1} = (\mathrm{cov}(\hat{\beta}_R))^{-1} = \left(\dfrac{\partial^2 \ln L}{\partial \beta \partial \beta'}\right)^{-1} = \hat{\sigma}_R^2 (X'X)^{-1}$

$\therefore \mathrm{LM} = \left(\dfrac{1}{\hat{\sigma}_R^2} X' e_R\right)'[\hat{\sigma}_R^2 (X'X)^{-1}]\left(\dfrac{1}{\hat{\sigma}_R^2} X'_{e_R}\right) = \dfrac{1}{\hat{\sigma}_R^2} e_R' X (X'X)^{-1} X' e_R$

$= n\dfrac{e_R' X[(X'X)^{-1} X' e_R]}{e_R' e_R} = n\dfrac{\widehat{e_R' e_R}}{e_R' e_R} = n\dfrac{\widehat{(e_R' + e_R' - \hat{e}_R')\hat{e}_K}}{e_R' e_R} = n\dfrac{\widehat{e_R' e_R}}{e_R' e_R} = nR_0^2$

注意, $(e_R' - \hat{e}_R')\hat{e}_R = 0$, 稱為非中心(不去均值)的 R^2。
所以, $Y = X_1\beta_1 + X_2\beta_2 + u$, 欲檢驗 $H_0:\beta_2 = 0$? 用拉格朗日得分檢驗十分方便。
因為如果命題真,則 $\hat{\beta}_k$ 就是 $Y = X_1\beta_1 + u$ 的 OLS $\hat{\beta}_1$。從而 $e_R = Y - X\hat{\beta}_R$ 就是殘差 $\hat{U}_1$。$(X'X)^{-1} X' e_R$ 就是 $\hat{U}_1$ 對 X_1, X_2 做 OLS 的 $\hat{\beta}, X(X'X)^{-1} X' e_R$ 就是迴歸擬合值。
故在 OLS3 成立條件下 LM 檢驗的步驟為:
(1) Y on X_1 得殘差 $\hat{U}_1$ 和殘差平方和 SSR($\hat{U}_1$);
(2) $\hat{U}_1$ on X_1, X_2 得擬合值 $\widetilde{U}_1 = X(X'X)^{-1} X' \hat{U}_1$, 和殘差平方和 SSR($\widetilde{U}_1$);
(3) LM $= nR_0^2 \sim \chi^2(k_2)$, 其中 $R_0^2 = \mathrm{SSR}(\hat{U}_1)/\mathrm{SSR}(\widetilde{U}_1)$;
(4) 臨界值 $\theta_\alpha = \mathrm{inv}[\chi_{k_2}^2(1-\alpha)]$, P 值: $P = 1 - \chi_{k_2}^2(nR_0^2)$。

當 OLS3 不成立, LM 統計量就沒有這麼簡單的處理方式, 但仍可採用基於 OLS 的方法。分析處理如下:
因為 $Y_i - X_i\beta = \varepsilon_i \sim N(0, \sigma^2)$ 獨立, 故對數似然函數是:

$$\ln L(\beta, \Sigma | Y, X) = -\frac{n}{2}\ln 2\pi - \frac{1}{2}\sum_{i=1}^{n}\ln \sigma_i^2 - \frac{1}{2}\sum_{i=1}^{n}\frac{(Y_i - X_i\beta)^2}{\sigma_i^2}$$

OLS $\hat{\beta}$ 是 β 的一致估計, 用殘差平方 $\hat{\varepsilon}_i^2$ 作為 σ_i^2 的無偏估計, 代入似然函數中, 得:

$$\ln L(\beta, \Sigma(\hat{\beta}) | Y, X) = -\frac{n}{2}\ln 2\pi - \frac{1}{2}\sum_{i=1}^{n}\ln \sigma_i^2 - \frac{1}{2}\sum_{i=1}^{n}\frac{(Y_i - X_i\beta)^2}{\sigma_i^2} = \sum_{i=1}^{n}\inf(Y_i | X_i\beta)$$

稱為條件似然函數。特別約束為 $\beta_2 = 0$, 得似然函數是:

$$\ln L(\beta_1, \Sigma(\hat{\beta}_1) | Y, X) = -\frac{n}{2}\ln 2\pi - \frac{1}{2}\sum_{i=1}^{n}\ln \sigma_{1i}^2 - \frac{1}{2}\sum_{i=1}^{n}\frac{(Y_i - X_{1i}\beta)^2}{\sigma_{1i}^2}$$

$$= \sum_{i=1}^{n}\ln f(Y_i | X_{1i}\beta_1)$$

求得約束極大似然解是 $\hat{\beta}_R$。

第4章 現代多元線性迴歸模型

令 $G = \begin{pmatrix} g_{11} & \cdots & g_{1k} \\ \vdots & \ddots & \vdots \\ g_{n1} & \cdots & g_{nk} \end{pmatrix}$，其中 $g_{ik} = \dfrac{\partial \ln f(Y_i | X\beta)}{\partial \beta}$。經過運算（Wooldrige, 1991）可得：

$$\dfrac{\partial \mathrm{Ln} L(\beta_R)}{\partial \beta_R} = G'J = \sum_{i=1}^{n} \gamma_i' u_i, \quad J = (1, \cdots, 1)_n'$$

$$I^{-1}(\beta_R) = (G'G)^{-1} = \left(\sum_{i=1}^{n} u_i^2 r_i' r_i \right)^{-1}$$

其中，u 是 $Y = X_1\beta_1 + u_1$ 的隨機誤差，$r = (r_1, \cdots, r_{k_2})'$ 是 X_2 中每個分量 $X_{2j}, X_{2j} = X_1\beta_1 + r_j, j = 1, \cdots, k_2$ 的隨機誤差。於是，用殘差代替隨機誤差，得 LM 統計量是：

$$\mathrm{LM} = \left(\sum_{i=1}^{n} r_i' \widehat{u}_i \right)' \left(\sum_{i=1}^{n} \widehat{u}_i^2 \widehat{r}_i' \widehat{r}_i \right)^{-1} \left(\sum_{i=1}^{n} \widehat{r}_i' \widehat{u}_i \right)$$

利用 LM 公式，可採用基於 OLS 的方法處理。

具體做法：$Y = X_1\beta_1 + X_2\beta_2 + u, H_0: \beta_2 = 0$？

（1）對 $Y = X_1\beta_1 + u_1$ 做 OLS，得殘差 $\widehat{u}_1$；

（2）把 X_2 中每個分量 $X_{2j}, j = 1, \cdots, k_2$ 分別代替 Y，對 $X_{2j} = X_1\beta_1 + r_j$ 做 OLS（X_2 on X_1）並由此得殘差 $\widehat{r}_1, \cdots, \widehat{r}_{k_2}$；$X_2$ 中去掉與 X_1 相關的貢獻；

（3）用 $\widehat{u}_1$ 同 $\widehat{r}_1, \cdots, \widehat{r}_{k_2}$ 做內積：

$$\widehat{u}_1' \widehat{r}_j = \sum_{i=1}^{n} \widehat{u}_{1i} \widehat{r}_{ji} = \alpha_j, j = 1, \cdots, k_2$$

並記：

$$\alpha = \widehat{u}_1' \widehat{r} \sim (\widehat{u}_1' \widehat{r}_1, \cdots, \widehat{u}_1' \widehat{r}_2)'$$

（4）再用常數項 $J = (1, \cdots, 1) \; k_2'$ 對 $\alpha = \widehat{u}_1' \widehat{r}$ 做 OLS（1 on α）並得到殘差平方和 SSR_0：
$\mathrm{SSR}_0 = [J - \alpha(\alpha'\alpha)\alpha']'[J - \alpha(\alpha'\alpha)^{-1}\alpha'J] = J'J - (\alpha'J)^{-1}(\alpha'J)^2$

（5）可以證明：$\mathrm{LM} = N - \mathrm{SSR}_0 \sim \chi^2_{k_2}$。拒絕 H_0，表示 X_2 作用顯著。

看一個實例：

為了比較 F 檢驗、Wald 檢驗和 LM 檢驗的結果，可以考慮如下實證問題。

4. 典型誤差 CEV 的後果

如果假定 $\mathrm{cov}(X_k^*, e_k) = 0$，那麼 $\mathrm{cov}(X_k, e_k) = E(X_k e_k) = E(X_k^* e_k) + E(e_k^2) = \sigma_{e_k}^2$，$Y$ 對 $X_1, \cdots, X_k$ 迴歸得 $\widehat{\beta}$。因為 $\mathrm{cov}(X_k, v - \beta_k e_k) = -\beta_k e_k^2 \neq 0$，所以，$\widehat{\beta} = \beta + (X'X)^{-1} X'\varepsilon = \beta + (X'X)^{-1} X'(v - \beta_k e_k)$，所以 $\mathrm{plim} \widehat{\beta} \neq \beta$，而且 $\mathrm{plim} \widehat{\beta}$ 的表達式非常複雜。

例如：將 X_k^* 投影到 $X_1, \cdots, X_{k-1}$ 上，$X_k^* = \delta_0 + \delta_1 x_1 + \cdots + \delta_{k-1} X_{k-1} + r_k^*$，令 $\sigma_{r_k^*}^2 = \mathrm{var}(r_k^*)$，如果 X_k^* 和 X_j 不相關，$j \neq k$，則 X_k 和 X_j 不相關。那麼可以推得：

$$\mathrm{plim} \beta_j = \begin{cases} \beta_j, j \neq k \\ \beta_k \dfrac{\sigma_{r_k^*}^2}{\sigma_{r_k^*}^2 + \sigma_{e_k}^2}, j = k \end{cases}, |\mathrm{plim} \widehat{\beta}_K| < |\beta_k|, \text{ 所以存在 CEV 的測量誤差，OLS } \widehat{\beta} \text{ 會}$$

造成 β_k 的低估或高估，即估計值 β_k 的絕對值變小了，稱為縮水偏差。並且如果 X_k^* 與其他解釋變量有更少的共線性，即 $\sigma_{r_k^*}^2 = \mathrm{var}(r_k^*)$ 不佔主導地位，則縮水偏差越大，$\widehat{\beta}_k$ 的估

053

計偏離真值越大。後果是,假設檢驗 $H_0: \beta = 0$,命題假卻接受了,大大增加了第二類錯誤的概率,出現僞迴歸。

5. 2SLS 方法其實就是工具變量法的解釋

選擇多工具變量向量 $Z = (1, X_1, \cdots, X_{k-1}, Z_1, \cdots, Z_M)$,抽樣 N 次,得多工具變量矩陣仍記爲 Z,則第一階段 OLS 得:$\hat{X}_k = Z[(Z'Z)^{-1}Z'X_k] = [Z(Z'Z)^{-1}Z]X_k$,令 $\hat{X} = (1, X, \cdots, X_{k-1}, \hat{X}_k)$,得第二階段的 OLS 爲 $\hat{\beta} = (\hat{X}'\hat{X})^{-1}\hat{X}'Y$。由工具變量法,把 $\hat{X}_k$ 作爲 X_k 的新的工具變量,$Z = \hat{X}$。則 $Y = X\beta + \varepsilon$ 的 IV 估計爲 IV $\hat{\beta} = (\hat{X}'\hat{X})^{-1}\hat{X}'Y$。注意 P_z 對稱冪等,且 P_z 是一個到 $(1, X_1, \cdots, X_{k-1}, Z_1, \cdots, Z_M)$ 的投影矩陣,即 $P_z X_i = X_i, i = 1, \cdots, k-1$,$P_z \hat{X}_k = \hat{X}_k$,所以 $P_z X = \hat{X}, P_z \hat{X} = \hat{X}$。所以,$\hat{X}'X = \hat{X}'P_z X = \hat{X}'\hat{X}$,所以,2SLS $\hat{\beta}$ = IV $\hat{\beta}$ = $(\hat{X}'\hat{X})^{-1}\hat{X}'Y = (\hat{X}'X)^{-1}\hat{X}'Y$。

6. 2SLS $\hat{\beta}$ 是一致漸近正態且相對有效的估計

證明:當 $X_2 = 0, X = X_1 = Z$,則 2SLS1 就回到 OLS1,且 2SLS2 回到 OLS2。

當 $X_2 \neq 0$ 且由 $L > K$ 和 2SLS 2 的列滿秩條件:

令 $\pi = [E(Z'Z)]^{-1}E(Z'X)$,$\pi$ 是 $L \times K$ 矩陣,由秩 $E(Z'X) = K$,所以秩 $\pi = K$。令 $\hat{X} = Z\pi$,則秩 $E(\hat{X}'\hat{X}) = k$。注意矩陣 π 的每一列實質是把 X 相應的每一列投影到 Z 上,此意味着每個 X_i 對 Z 做 OLS,即做第一階段的迴歸。所以,Y 再對 $\hat{X}$ 做 OLS,得 $[E(\hat{X}'\hat{X})]^{-1}E(\hat{X}'Y) = $ 2SLS $\hat{\beta}$ 就是做第二階段的迴歸。

我們先說明 $[E(\hat{X}'\hat{X})]^{-1}E(\hat{X}'Y) = $ 2SLS $\hat{\beta}$ 是一個 IV 估計。因爲把 $\hat{X}$ 作爲 X 的工具變量,對 $Y = X\beta + u$,得 IV $\hat{\beta} = [E(\hat{X}'\hat{X})]^{-1}E(\hat{X}'Y)$。將 X 寫成 $X = \hat{X} + r$,則:

$$E(Z'r) = E[Z'(X - \hat{X})] = E(Z'X) - E(Z'Z\pi)$$
$$= E(Z'X) - E(Z'Z)[E(Z'Z)]^{-1}E(Z'X) = 0$$

$\therefore E(\hat{X}'r) = E(\pi'Z'r) = \pi'E(Z'r) = 0$

即 IV $\hat{\beta} = [E(\hat{X}'X)]^{-1}E(\hat{X}'Y) = [E(\hat{X}'\hat{X})]^{-1}E(\hat{X}'Y) = $ 2SLS $\hat{\beta}$

因爲 $E(\hat{X}'X) = \pi'E(Z'X) = E(X'Z)[E(Z'Z)]^{-1}E(Z'X)$,

$E(\hat{X}'Y) = \pi'E(Z'Y) = E(X'Z)[E(Z'Z)]^{-1}E(Z'Y)$,所以取樣 N 次,得隨機樣本 X_i, Y_i, Z_i,從而有:

2SLS $\hat{\beta}_N =$

$$\left[\left(\frac{1}{N}\Sigma X_i'Z_i\right)\left(\frac{1}{N}\Sigma Z_i'Z_i\right)^{-1}\left(\frac{1}{N}\Sigma Z_i'X_i\right)\right]^{-1}\left(\frac{1}{N}\Sigma X_i'Z_i\right)\left(\frac{1}{N}\Sigma Z_i'Z_i\right)^{-1}\left(\frac{1}{N}\Sigma Z_i'Y_i\right)$$

$$= \beta + O\left(\frac{1}{N}\right) \xrightarrow{P} \beta$$

由大數定律、連續映射定理,2SLS $\hat{\beta}$ 是 $\hat{\beta}$ 的一致估計。

寫成抽樣後的矩陣形式就是:

$$\text{2SLS}\hat{\beta} = [X'Z(Z'Z)^{-1}Z'X]^{-1}[X'Z(Z'Z)^{-1}Z'Y]$$

又:

$$\sqrt{N}(\hat{\beta}_{2sls} - \beta) = \sqrt{N}(\hat{\beta}_{IV} - \beta) = \sqrt{N}[E(\hat{X}'X)]^{-1}E(X'u)$$

$$= \left[\lim_{N\to\infty} \frac{1}{N} \sum \widehat{X}_i X_i\right]^{-1} \left(\lim_{N\to\infty} \frac{1}{\sqrt{N}} \sum \widehat{X}_i' u\right) \xrightarrow{d} N(0, \sigma^2 [E(\widehat{X}'\widehat{X})]^{-1})$$

（注意：$\pi = [E(Z'Z)]^{-1} E(Z'X)$，$\widehat{X} = Z\pi$）

所以在 2SLS3 假定之下，2SLS$\widehat{\beta}$ 是漸近正態的。又已知 2SLS$\widehat{\beta}$ 的工具是 $\widehat{X} = Z\pi$，且方差矩陣是 $\mathrm{var}(\widehat{\beta}_{2sls}) = \sigma^2 [E(\widehat{X}'\widehat{X})]^{-1}$。設 $\widetilde{\beta}$ 是任何其他以 Z 為線性組合的 IV 估計，那麼 $\widetilde{\beta}$ 的工具是 $\widetilde{X} = Z\Gamma$，且 $\widetilde{\beta}$ 的方差矩陣 $\mathrm{var}(\widetilde{\beta}_{IV}) = \sigma^2 [E(\widetilde{X}'X)(E(\widetilde{X}'\widetilde{X}))^{-1} E(X'\widetilde{X})]^{-1}$。要說明 2SLS$\widehat{\beta}$ 的方差是最小的，只要證：$\mathrm{Avar}[\sqrt{N}(\widetilde{\beta} - \beta)] - \mathrm{Avar}[\sqrt{N}(\widehat{\beta}_{2sls} - \beta)]$ 是半正定的。由正定矩陣的性質知：若 A 正定，B 正定，且 $A - B$ 半正定，則 $B^{-1} - A^{-1}$ 半正定。

由列滿秩條件知，$[E(\widehat{X}'\widehat{X})]$ 和 $[E(\widetilde{X}'X)(E(\widetilde{X}'\widetilde{X}))^{-1} E(X'\widetilde{X})]$ 都是正定的，故只要證 $[E(\widehat{X}'\widehat{X})] - [E(\widetilde{X}'X)(E(\widetilde{X}'\widetilde{X}))^{-1} E(X'\widetilde{X})]$ 半正定即可。

$\because E(Z'r) = 0, \therefore E(\widetilde{X}'r) = E((Z\Gamma)'r) = 0$

$\therefore E(\widetilde{X}'X) = E(\widetilde{X}'(\widehat{X} + r)) = E(\widetilde{X}'\widehat{X})$

所以，

$[E(\widehat{X}'\widehat{X})] - [E(\widetilde{X}'X)(E(\widetilde{X}'\widetilde{X}))^{-1} E(X'\widetilde{X})] = [E(\widehat{X}'\widehat{X})] - [E(\widetilde{X}'X)(E(\widetilde{X}'\widetilde{X}))^{-1} E(\widehat{X}'\widetilde{X})] = E(\widetilde{e}'\widetilde{e})$ 是半正定的。

這裡 $\widetilde{e} = \widehat{X} - E(\widehat{X}|\widetilde{X})$ 是 $\widehat{X}$ 對 $\widetilde{X}$ 做迴歸的殘差。所以，2SLS$\widehat{\beta}$ 在給定工具集 Z 的線性 IV 估計類中是漸近有效的。又 2SLS$\widehat{\beta}$ 是一特殊的 IV 估計，所以，殘差 $\widehat{u} = Y - X\widehat{\beta}_{2sls}$，且

$$\widehat{\sigma}^2 = \frac{1}{N - K} \sum_{i=1}^{N} \widehat{u}_i^2$$

是 σ^2 的一致估計。將上述討論總結為如下定理：

定理：在假定 2SLS 1—3 之下，$\sqrt{N}(\widehat{\beta}_{2sls} - \beta)$ 是一致、漸近正態的，且有零均值，方差矩陣 $\mathrm{Var}(\widehat{\beta}_{2sls}) = \sigma^2 [E(\widehat{X}'\widehat{X})]^{-1}$，且在以 Z 為線性工具的變量類中是有效的。

又規定，2SLS 的殘差 $\widehat{u}_i = Y_i - \widehat{X}_i \widehat{\beta}_{2sls}(i = 1, \cdots, n)$，（注意，殘差不是 $\widehat{u}_i = Y_i - \widehat{X}_i \widehat{\beta}_{2sls}$）則：

$$\widehat{\sigma}^2 = \frac{1}{N - K} \sum_{i=1}^{N} \widehat{u}_i^2$$

是 σ^2 的一致估計。且 2SLS$\widehat{\beta}$ 第 i 個分量β_i 的標準差就是矩陣 $\widehat{\sigma}^2 \widehat{X}'\widehat{X}$ 的第 i 個對角線元素的平方根。又如果 2SLS3 假設條件不成立，那麼 2SLS$\widehat{\beta}$ 異方差穩健協方差矩陣估計就是 $\mathrm{Var}(\widehat{\beta}_{2sls}) = (\widehat{X}'\widehat{X})((\widehat{u}_i^2 \widehat{X}_i' \widehat{X}_i))^{-1} (\widehat{X}'\widehat{X})$。

第 5 章
聯立方程模型

很多時候我們關注的目標 Y 可能不止一個,而是多個,或者其中某一目標與其他目標有內在聯繫,如果不知道其他目標,就不可能知道要關注的目標。例如,我們要知道某一商品的市場價格,我們必須同時知道該商品的供給曲線和需求曲線,自然也就存在多因多果的關係問題。從內生性問題角度看,某一解釋變量 X_i 從另一方面考察可能成為 Y 的結果,那麼 Y 就是原因,因為 X_i 中有 Y 的成分,從而 $E(U \mid X_i) = 0$ 不成立,產生內生性問題的第 3 種情形是自然的,即互為因果導致的聯立性問題。

第 3 章中介紹的現代觀點理論,只要把 Y 看成一個隨機向量(多個結果),所有的語言經過適當的修正完全可以類似重複,但由於因變量 Y 的個數的增加,也就帶來了許多「單方程線性迴歸模型」不曾有的問題,也就是多方程縱向和交叉傳導帶來的內生性問題。

本章主要討論聯立的線性系統,討論多個線性迴歸模型的整體性估計和檢驗問題。其中新引入的 GMM 估計方法是本章的特色,它把 2SLS 的方法又往前推進了一步。

5.1 基本概念與模型

5.1.1 基本概念

系統:多個變量間的相互聯繫,一般用方程組表述。線性系統認為它們的聯繫是線性的。

變量:描述系統狀態的基本要素。變量分成兩類。一類是內生變量,含義是一旦系統變量間的相互聯繫確定,這些變量的值就是完全確定的。內生變量一般是系統要關注的對象。另一類是先決變量,含義是它們的值不是由系統直接確定的。它又分成:①外生變

量,它的值由系統的外部因素給定;②滯後的內生變量,它的值由內生變量的前期確定。有時①②不加區分,統稱為外生變量。但其實這兩種外生變量有實質性區別,後一種滯後變量會帶來內生性問題。

線性模型:系統中的變量通過線性方程或加上隨機誤差項聯繫,稱為聯立系統的線性模型。聯立模型分成簡約式(reduced formed)和結構式(structure form)兩種。

1.簡約式

每個內生變量由系統的先決變量的線性式加隨機項構成,先決變量前的系數稱為簡約系數。即每個方程都是多因一果的多元線性迴歸模型。

2.結構式

每個方程由內生變量和先決變量的混合線性式或加隨機項構成。結構式變量前的系數有確定的經濟內涵,它們一般由理論模型簡化而成。一般把結構式分成四類:行為方程、技術方程、平衡方程、定義方程。行為方程和技術方程可以加隨機項,例如描述收入的行為方程或描述生產產出的技術方程;平衡方程和定義方程都不可再加隨機項,因為它們所描述的相等關係是平衡和定義導致的,例如支出法的國民收入核算恒等式。每個結構方程中,變量前的系數稱為結構參數。

對系統的描述,為了方便起見不妨設 Y 表示內生變量,共有 G 個內生變量:$Y_1,\cdots,Y_G$。X 表示先決變量,共有 M 個先決變量:$X_1,\cdots,X_M$。U 表示隨機誤差,誤差項的個數由行為和技術方程的個數來定。

5.1.2　聯立方程模型的分類

聯立方程模型主要分成三大類:

1.似無關模型(seemingly unrelated regression model,SUR 模型)

$$\begin{cases} Y_1 = X_1\beta_1 + U_1 \\ Y_2 = X_2\beta_2 + U_2 \\ \quad\cdots \\ Y_G = X_G\beta_G + U_G \end{cases}$$

模型中每個方程都是簡約式(reduced form),有不同的先決解釋變量和因變量,並有各自的參數值 $\beta_g, g=1,\cdots,G$,相關聯的僅是不可觀測的誤差項。可以理解為,系統有一個共同的環境,且系統間的因果關係由隨機項構成。

由此,設定 $E(U_g \mid X_1,\cdots,X_G) = 0, g=1,\cdots,G$。這種情況下模型當然非常理想,即已知所有單方程解釋變量條件下,所有單方程的隨機誤差項的條件期望為零。但是事實上這個條件太強了,意味著任意 U_i 與 X_j 不相關,這很難實現。弱一點的假定是 $E(U_g \mid X_g) = 0, g=1,\cdots,G$。僅要求 U_g 與 X_g 不相關,從單方程來看是正確設定,但從聯立上看 U_g 可能與其他外生變量 $X_j(g \neq j)$ 相關,產生了多方程的交叉回應。似無關的含義正是如此。

2.面板數據模型(panal data model,PD 模型)

$$Y_t = X_t\beta + U_t, E(U_t \mid X_t) = 0, t=1,\cdots,T$$

這裡的先決解釋變量和參數值都與單方程描述的形式相同，區別僅在於 t，一般理解為不同時段，也可以是其他指標如不同組、地區、城市等，因此 Y_t 表示不同的因變量。U_t 可以理解為不同的因變量導致不同的隨機誤差。因為 t 是一個序列關係，故 X_t 和 X_s 與 U_t 和 U_s 都可以有相關性，也可以有不同分佈等，視各種實際情況而定。因此，產生了多方程間的縱向回應。

因為這裡 t 可以代表不同組、地區、城市等，實際上上述模型是特殊的截面數據模型；如果代表不同時間段，那是時間序列模型。只有當下標既包含截面信息，又包含時間信息，才是我們平時常說的面板數據，這將在下一章作重點介紹。這裡說的面板數據模型是聯立方程模型的一種類型而已。把 PD 模型不看作時間序列，一般針對的是時間 T 較短，例如只有 $T = 1, 2$ 兩期且這兩期有特定內涵。當有關 T 的數據很大時，看成時間序列就更加合適。這種看法上的改變本身就是對傳統觀點的突破。時間序列和面板的差別在哪裡？傳統觀點將其簡單區分為：對同一個個體的有時間趨勢的觀察數據構成時間序列，對不同個體的時間趨勢的觀察數據構成面板。問題是同一個個體在不同時間也會發生變化，不同個體也可能在某一個時間點上足夠接近，因此有時候兩類數據似乎應該可以轉化。現代觀點認為關鍵問題在於，如果其他完全一樣，只有時間差異且時間很長（例如中國改革開放以來的 GDP），當然是時間序列，如果時間本身很短，且有特定的含義，就應該看成面板。如果討論同一個個體的問題，但是這個個體在不同時點差別很大，將其看成在這些時點上分別有一個相對獨立不同的狀態，這樣即使看成面板數據也未嘗不可，設定的時候小心區分就是；反之亦然。

需要注意的是，SUR 和 PD 是聯立方程的特殊形式，其特點為每個內生變量 Y_i 都可以寫成單方程的多元線性迴歸形式，且都是正確設定。區別是 SUR 模型每個 Y_i 有自己的外生變量，而 PD 則是所有 Y_i 都有相同的外生變量。

3. 同時性模型（simultanious equation model，SEM 模型）

SEM 模型在形式上表現為：

$$\begin{cases} Y_1 = Y_{(1)} \gamma_{(1)} + X_{(1)} \delta_{(1)} + U_1 \\ \quad \cdots \\ Y_G = Y_{(G)} \gamma_{(G)} + X_{(G)} \delta_{(G)} + U_G \end{cases}$$

其中：$Y_{(h)}$ 是指不包括 h 在內的其他內生變量的部分（$Y_{(h)} \subset Y$）；$X_{(h)}$ 是指不包括 h 在內的先決變量的部分（$X_{(h)} \subset X$）；$\gamma_{(h)}$ 和 $\delta_{(h)}$ 是變量 $Y_{(h)}$ 和 $X_{(h)}$ 的參數；$U_{(h)}$ 是隨機誤差。可見同時性模型是把每個內生變量寫成其他部分內生變量和先決變量的線性式。因為 SEM 模型中右邊方程中含有其他內生變量，所以內生變量 $Y_1, \cdots, Y_G$ 是且也只能是同時被確定的。

如果我們能夠通過線性變換把 SEM 中右邊的內生變量部分消去，得到它的簡約式，那麼 SEM 也可以像 SUR 和 PD 那樣處理。我們把 SEM 左邊的每個 $Y_{(h)}$ 都移到方程的右邊，使其得到按行排列的統一的緊湊形式：

$$Y\Gamma + X\Delta + U = 0$$

這裡 $Y = (Y_1, \cdots, Y_G)$ 是 $1 \times G$ 矩陣，$X = (X_1, \cdots, X_M)$ 是 $1 \times M$ 矩陣，且可以觀測抽

樣；$\Gamma = (\gamma_{ij})$ 是 $G \times G$ 矩陣，$\Delta = (\delta_{ij})$ 是 $M \times G$ 矩陣，是未知參數；$U = (U_1, \cdots, U_G)$ 是 $1 \times G$ 矩陣，是隨機誤差。

假定 Γ 可逆，否則內生變量 Y 中的選擇至少有一個是多餘的，且 $\Sigma = E(U'U)$ 是隨機誤差的協方差陣，為 $G \times G$ 非奇異矩陣。那麼模型可以方便地轉化成簡約式：

$$Y = X(-\Delta\Gamma^{-1}) + U(-\Gamma^{-1}) = X\Pi + V$$

然而將 SEM 模型寫成簡約式可能面臨這樣一個問題：當我們從簡約式通過取樣，得到 Π 的估計 $\hat{\Pi}$，在什麼條件下，我們可以從 $\hat{\Pi}$ 得到 Γ 和 Δ 的估計 $\hat{\Gamma}$ 和 $\hat{\Delta}$？這個問題不是顯然的，甚至有點微妙，因為 Γ 與 Δ 是原模型的未知參數，有其經濟含義，如果從 $\hat{\Pi}$ 得不到 Γ 和 Δ 的估計 $\hat{\Gamma}$ 和 $\hat{\Delta}$，$\hat{\Pi}$ 的估計就沒有意義。SEM 模型擁有的這個本質問題，就是系統的可識別問題，這也是聯立方程模型需要解決的本質問題，稍後重點討論。

5.2 聯立方程的估計和檢驗

為了利用單方程多元迴歸的方法和結論，先把關於總體的聯立方程的三種形式（SUR、PD、SEM）統一處理，表述為類似單方程 $Y = X\beta + U$ 的矩陣形式。具體來說：

$$\text{SUR}: Y = \begin{pmatrix} Y_1 \\ \vdots \\ Y_G \end{pmatrix} = \begin{pmatrix} X_1 & 0 & 0 & 0 \\ 0 & X_2 & 0 & 0 \\ \vdots & \vdots & \vdots & \vdots \\ 0 & 0 & 0 & X_G \end{pmatrix} \begin{pmatrix} \beta_1 \\ \beta_2 \\ \vdots \\ \beta_G \end{pmatrix} + \begin{pmatrix} U_1 \\ U_2 \\ \vdots \\ U_G \end{pmatrix} = X\beta + U$$

$$\text{PD}: Y = \begin{pmatrix} Y_1 \\ \vdots \\ Y_T \end{pmatrix} = \begin{pmatrix} X_1 \\ \vdots \\ X_G \end{pmatrix} \beta + U = X\beta + U$$

$$\text{SEM}: Y = \begin{pmatrix} Y_1 \\ \vdots \\ Y_T \end{pmatrix} = \begin{pmatrix} (Y_{(1)} X_{(1)}) & 0 & 0 & 0 \\ 0 & (Y_{(2)} X_{(2)}) & \cdots & 0 \\ \vdots & \vdots & \vdots & \vdots \\ 0 & 0 & 0 & (Y_{(G)} X_{(G)}) \end{pmatrix} \begin{pmatrix} \beta_1 \\ \beta_2 \\ \vdots \\ \beta_G \end{pmatrix} + \begin{pmatrix} U_1 \\ U_2 \\ \vdots \\ U_G \end{pmatrix}$$

$$= X\beta + U$$

這裡 X 記成 $G \times K$ 矩陣，K 視不同聯立形式而定，都是對總體而言。如果再在右下角加上下標 i，表示第 i 次隨機抽樣。

5.2.1 聯立方程的普通最小二乘估計與檢驗

類似於單方程模型，對總體聯立式 $Y = X\beta + U$ 的 OLS 估計與檢驗有如下假定：

假定 Sols1：$E(X_i' U_i) = 0$ $\quad \forall i$ 成立；

Sols2：秩 $E(X_i' X_i) = A$ $\quad$ 非奇異 $\quad \forall i$ 成立。

那麼 $\beta = [E(X_i' X_i)]^{-1} E(X_i' Y_i)$，$\forall i$。如果可以在總體中隨機 N 次抽樣，得到：

$$\text{SOLS}\widehat{\beta} = \left(\frac{1}{N}\sum_{i=1}^{N} X_i' X_i\right)^{-1} \left(\frac{1}{N}\sum_{i=1}^{N} X_i' Y_i\right) \xrightarrow{P} \beta$$

寫成矩陣的表達形式 $\text{SOLS}\widehat{\beta} = (X'X)^{-1} X'Y$，這與單方程形式上完全一致，但這裡矩陣 Y、X 的內涵是不一樣的。

需要注意的有兩點：第一，在聯立方程模型中，對誤差項 U_i 的協方差矩陣 $\Omega = E(U_i U_i')$ 僅僅要求正定即可，沒有其他更多限制，因此 SOLS 方法僅能保證 $\widehat{\beta}$ 一致，卻不一定有效。由於 Ω 不能再有更多的假定，且一般來說 Ω 未知，所以 SOLS 方法估計的效果是很差的，不如單方程中 OLS 好。第二，有了 SOLS $\widehat{\beta}$ 和誤差項 U_i 的協方差矩陣，可以對 β 的一切線性組合進行假設檢驗，思路與單方程並沒有區別。

例如利用 Wald 統計量：$W = (c\widehat{\beta} - q)'(c\widehat{V}c')^{-1}(c\widehat{\beta} - q) \to \chi^2_Q$，秩 $c = Q$。對不同的問題選擇適當的 c 和 q，$H_0: c\beta = q$，可進行 β 的有關線性組合的檢驗，不再需要任何其他假定。

5.2.2 聯立方程的廣義最小二乘估計與檢驗

SOLS 估計雖然條件要求少，也比較經典，但畢竟效果太差。如果對隨機誤差項 U 有更強的假定條件，則可對 SOLS 估計做進一步的改進，稱為聯立方程廣義最小二乘估計（SGLS）。

假定 SGLS1：$E(X_i \otimes U_i) = 0$，$\forall i$。含義是 U_i 中每個元素同 X_i 中每個元素都不相關。$\otimes$ 是 Kronecker 乘積（卡氏積），$A \otimes B$ 的含義是對矩陣的線性變換：

$$A \otimes B = \begin{pmatrix} a_{11}B & a_{12}B & \cdots & a_{1n}B \\ a_{21}B & a_{22}B & \cdots & a_{2n}B \\ \vdots & \vdots & \ddots & \vdots \\ a_{m1}B & a_{m2}B & \cdots & a_{mn}B \end{pmatrix}, \quad A = \begin{pmatrix} a_{11} & \cdots & a_{11} \\ \vdots & \ddots & \vdots \\ a_{11} & \cdots & a_{11} \end{pmatrix}$$

卡氏積是對矩陣的線性變換，是矩陣的矩陣。該假定排除了誤差項與其他方程中解釋變量的交叉的縱向關係。

假定 SGLS2：$\Omega = E(U_i U_i')$ 正定，且 $E(X_i' \Omega^{-1} X_i)$ 非奇異，$\forall i$。

於是，N 次隨機抽樣可得：

$$\text{SGLS}\widehat{\beta} = \left(\frac{1}{N}\sum_{i=1}^{N} X_i' \Omega^{-1} X_i\right)^{-1} \left(\frac{1}{N}\sum_{i=1}^{N} X_i' \Omega^{-1} Y_i\right) \xrightarrow{p} \beta \text{ 是一致估計}$$

寫成包含矩陣的表達形式：$\text{SGLS}\widehat{\beta} = (X'(I_N \otimes \Omega^{-1})X)^{-1}(X'(I_N \otimes \Omega^{-1})Y)$。

一般情況下 Ω 未知，先用 SOLS 殘差 $\widehat{U}_i = Y_i - X_i \widehat{\beta}_{\text{OLS}}$ 代替 U_i。又由向量組的弱大數定律（WLLN），我們有：$\widehat{\Omega} = \frac{1}{N}\sum_{i=1}^{N} \widehat{U}_i \widehat{U}_i' \xrightarrow{} \Omega$。把 $\widehat{\Omega}$ 作為 Ω 的一致估計代入上述表達式中，便可得到可行的廣義最小二乘估計 FGLS $\widehat{\beta}$：

$$\widehat{\beta}_{\text{FGLS}} = (X'(I_N \otimes \widehat{\Omega}^{-1})X)^{-1}(X'(I_N \otimes \widehat{\Omega}^{-1})Y)$$

當 N 相對 G 不是很大，$\widehat{\Omega}$ 有很差的有限樣本性質。我們需要獲取更多關於 Ω 的信息，才能得到更好的 $\widehat{\Omega}$ 的形式，如獨立性、序列相關性等。在面板數據模型中再深入分析。

獲得 FGLS $\hat{\beta}$ 的具體步驟是：

首先，Y 對 X 做迴歸，得殘差 $\hat{U}$ 和 $\hat{\Omega}$、$\hat{\Omega}^{-1}$；

再用 $(I_N \otimes \hat{\Omega}^{-\frac{1}{2}}) Y$ 對 $(I_N \otimes \hat{\Omega}^{-\frac{1}{2}}) X$ 做迴歸；

得可行的廣義最小二乘估計：$\hat{\beta}_{FGLS} = (X'(I_N \otimes \hat{\Omega}^{-1}) X)^{-1}(X'(I_N \otimes \hat{\Omega}^{-1}) Y)$。

注意，這裡第一步驟是找到誤差項的方差信息，第二步驟是修正 X 與 U 的交叉關係。同樣有類似 OLS3 的可以獨立取方差的假定：

假定 SGLS3：$E(X'_i \Omega^{-1} U_i U'_i \Omega^{-1} X) = E(X' \Omega^{-1} X)$，其中 $\Omega = E(U_i U'_i)$。

如果 SGLS3 成立，那麼還可以證明 $\hat{\beta}_{FGLS}$ 是 β 的一致估計且是漸近正態和有效的，證明方法可以同前面所說的 OLS 理論完全類比。對 $\hat{\beta}_{FGLS}$ 的假設檢驗一般採用 Wald 檢驗，因為 SGLS3 很難在現實中滿足。如果 SGLS3 成立，也可以使用類似單方程的殘差形式 F 檢驗，不再贅述。

SOLS 和 SGLS 只能用於單方程是正確設定的 SUR 或 PD 聯立方程，對 SEM 由於內生性基本不能用。FGLS 本質是解決聯立方程中 X 與 U 的交叉關係以提高有效性，但需要有更多的信息條件。當 Ω 是對角陣時，SOLS 和 SGLS 並沒有區別。具體到 SUR 或 PD，對誤差項的設定還需要具體分析。

5.2.3 聯立方程的工具變量估計和 GMM 方法及檢驗

正如單方程模型會遇到內生性問題一樣，聯立方程模型同樣甚至更容易遇到內生性問題。特別對於 SEM 模型，內生性是不可避免的，因為結構式中已包含其他的內生變量，從而在從結構式到簡約式的轉化中，自然也把誤差項帶入其他的結構式中。由於內生性的存在，我們知道這將造成 SOLS 和 FGLS 有偏和不一致，因此 SOLS 和 FGLS 方法基本不能用。我們把單方程模型中消除內生性的工具變量法引入聯立方程模型中來，並由此引入更一般的廣義矩估計（GMM）方法。另外，從聯立方程的可識別問題中，可以發現合理安排每個方程的外生變量，還可以自己解決工具變量的尋找問題。這也是聯立方程系統設計的優點，即聯立方程模型的優勢在於合理的外生變量設計本身就是好的工具變量集。

1.聯立方程的工具變量估計

把聯立模型形式的寫成類似 SUR 模型的形式：

$$Y_1 = X_1 \beta_1 + U_1 ; Y_2 = X_2 \beta_2 + U_2 ; \cdots ; Y_G = X_G \beta_G + U_G$$

對每一個單方程 g，X_g 是 $1 \times k_g$ 向量，既包含外生變量，也包含內生變量，從而 X_g 與 U_g 有相關性。如同單方程工具變量法一樣，對每一結構方程 g，選擇工具變量 Z_g 是 $1 \times L_g$ 向量。它們是可觀測的外生變量，且 $L_g \geq K_g$，Z_g 中包含新加入的工具變量和原有的外生變量。滿足工具變量條件：

SIV1：$E(Z'_g U_g) = 0, g = 1, \cdots, G$

SIV2：秩 $E(Z'_g X_g)_i = k_g, g = 1, \cdots, G, \forall i$

在以上條件下，對任意的觀測 i，用下標包裝成矩陣形式：

$$Y_i = \begin{pmatrix} Y_{i1} \\ \vdots \\ Y_{iG} \end{pmatrix}, \ X_i = \begin{pmatrix} X_1 & 0 & 0 & \cdots & 0 \\ 0 & X_2 & 0 & \cdots & 0 \\ \vdots & \vdots & \vdots & \ddots & \vdots \\ 0 & 0 & 0 & \cdots & X_G \end{pmatrix}, \ U_i = \begin{pmatrix} U_{i1} \\ \vdots \\ U_{iG} \end{pmatrix}; \beta = \begin{pmatrix} \beta_1 \\ \vdots \\ \beta_G \end{pmatrix}, \ Y_i = X_i \beta_i + U_i$$

相應地，$Z_i = \begin{pmatrix} Z_1 & 0 & 0 & \cdots & 0 \\ 0 & Z_2 & 0 & \cdots & 0 \\ \vdots & \vdots & \vdots & \ddots & \vdots \\ 0 & 0 & 0 & \cdots & Z_G \end{pmatrix}$ $L = L_1 + \cdots + L_G$

如果 $L_g = K_g, g = 1, \cdots, G$。由假定 SIV2，$E(Z_g' X_g)$ 非奇異，從而，$E(Z_i' X_i)$ 是 $K \times K$ 非奇異矩陣。對 $Y_i = X_i \beta_i + U_i$ 兩邊乘上 Z_i'，取期望得 $\beta = [E(Z_i' X_i)]^{-1} E(Z_i' Y_i)$。

對 i 隨機抽樣，$i = 1, \cdots, N$。仍設 Z 和 K 是 $NG \times K$ 的樣本觀測矩陣。那麼可得聯立方程模型的工具變量估計，SIV $\widehat{\beta} = \left[\frac{1}{N} \sum_{i=1}^{N} Z_i' X_i \right]^{-1} \left(\frac{1}{N} \sum_{i=1}^{N} Z_i' Y_i \right) = (Z'X)^{-1}(Z'Y)$，並由假定 SIV1，知 SIV $\widehat{\beta} \xrightarrow{p} \beta$。

但是，如果 $L > K$，那麼 $(Z'X)$ 就不再是一個方陣，我們無法直接得到 SIV $\widehat{\beta}$。或者說，我們可以在 L 中任意選擇 K 個工具變量，那麼選擇哪 K 個？回憶 2SLS，對過度識別的工具變量集 $Z_1, \cdots, Z_L$，我們選擇的是它們的線性組合 $\widehat{Z}_1, \cdots, \widehat{Z}_K$ 作為新工具變量，這事實上是對 $Z_1, \cdots, Z_L$ 進行了特殊的線性投影。這個辦法對聯立方程模型同樣適用。

2.聯立方程的廣義矩估計

反思聯立方程工具變量估計的思路，我們認為如果引入了外生的工具變量，替代原方程中某些內生性的變量，那麼選擇殘差平方和最小的標準就不一定合理了。由於工具帶來了信息，考慮選擇與工具變量相關的加權殘差平方和最小作為標準，即所謂的廣義矩估計（GMM）方法。

由 SIV1，$E(Z_i' U_i) = 0 \Rightarrow E[Z_i'(Y_i - X_i \beta)] = 0, \forall i$。

再由大數律：$\frac{1}{N} \sum_{i=1}^{N} Z_i'(Y_i - X_i \beta) \xrightarrow{p} 0$。

但固定 N 的條件下，$\frac{1}{N} \sum_{i=1}^{N} Z_i'(Y_i - X_i \beta) = 0$，這樣的 β 不一定存在。退而求其次，選擇 $\widehat{\beta}$，使得以 Z_i' 為權的平方和 $\left[\sum_{i=1}^{N} Z_i'(Y_i - X_i \widehat{\beta}) \right]' \left[\sum_{i=1}^{N} Z_i'(Y_i - X_i \widehat{\beta}) \right]$ 取最小值。這種思想是 OLS 方法的自然推廣。特別當 $Z_i = I$，就是 OLS 方法。

還應當考慮誤差方差對估計的不均勻影響，類似於 GLS 方法。如果已知 Ω 的有關信息，找權 $\Omega^{-\frac{1}{2}}$ 作為工具使得方差影響變得均勻。為此，一般的定義，找一個與工具變量和工具變量協方差相關的矩陣作為權，使得加權殘差平方和最小。

在 GMM 方法中，要選擇一個好的 $\widehat{W}$，稱為最優權矩陣，選擇它作為權重，可以得到的估計不僅僅是一致的，還具有最小方差。尋找這樣的最優權矩陣的過程見本章附錄。最終得到 β 的 GMM 三階段最小二乘估計值：

$$\widehat{\beta}_{3SLS} = [X'Z(Z'(I_N \otimes \widehat{\Omega})Z)^{-1}Z'X]^{-1}X'Z(Z'(I_N \otimes \widehat{\Omega})Z)^{-1}Z'Y$$

可以證明,這個 3SLS $\widehat{\beta}$ 是無偏、一致、漸近有效的。

3.聯立方程模型的假設檢驗

聯立方程的檢驗問題在伍德里奇的計量經濟學教材中涉及不多。基本思路依然是 Wald 檢驗和過度識別檢驗,與單方程差別不大。聯立性檢驗一般沒有必要,如果數據連聯立性都不支持,建立聯立性方程模型就沒有任何意義了。之所以建立聯立性方程,即使是似無關模型,誤差項之間也是一定有聯繫的。聯立方程的關鍵問題在系統的可識別上。

5.3 聯立方程模型的可識別問題

二階段最小二乘的理論中,要求選擇工具變量 Z 滿足秩 $E(Z'Z) = L(L \geq K)$,否則 β 有可能無法識別,即不一定能得到 IV $\widehat{\beta}$。這種問題在聯立方程模型中,由於內生變量允許在其他方程中出現,存在的可能性幾乎更加肯定,而且表現複雜。因此,對於聯立方程,待估的未知參數是否有解更不是顯然的。

看下面這個例子:

供給方程:$Q_t^S = \alpha_1 + \alpha_2 P_t + \varepsilon_t$

需求方程:$Q_t^D = \beta_1 + \beta_2 P_t + \xi_t$ 其中,$\alpha_2 \neq \beta_2$

平衡方程:$Q_t^S = Q_t^D = Q_t$

那麼,由平衡方程消去內生變量 Q_t^S 和 Q_t^D,解得:

$$P_t = (\xi_t - \varepsilon_t)/(\alpha_2 - \beta_2) + c_1 = V_1$$

$Q_t = (\alpha_2 \xi_t - \beta_2 \varepsilon_t)/(\alpha_2 - \beta_2) + c_2 = V_2$。由於 ε_t 和 ξ_t 是隨機變量,故 V_1、V_2 不可觀測。我們無法得到市場均衡時的內生變量 P_t、Q_t 的結構參數 α、β 的任何信息。

現在,在需求方程中引入外生變量收入 Y,且可觀測。考慮:

$Q_t^D = \beta_1 + \beta_2 P_t + \beta_3 Y_t + \xi_t, \beta_3 \neq 0, Q_t^S = \alpha P_t + \varepsilon_t$ 且 $Q_t^S = \alpha P_t + \varepsilon_t$ 供給方程不發生變化。

那麼,聯立可解得:

$$P_t = \pi_{11} + \pi_{12} Y_t + V_1, \quad Q_t = \pi_{21} + \pi_{22} Y_t + V_2$$

且得到:$\pi_{12} = -\beta_3/(\beta_2 - \alpha_2) \neq 0, \pi_{22} = -\beta_3 \alpha_2/(\beta_2 - \alpha_2) \neq 0$。

由於 P_t、Q_t、Y_t 可觀測,通過 OLS 方法可求得參數估計:$\widehat{\pi}_{11}, \widehat{\pi}_{12}, \widehat{\pi}_{21}, \widehat{\pi}_{22}$。

又由於 $\alpha_2 = \dfrac{\pi_{22}}{\pi_{12}}$,且 $\alpha_1 = \pi_{21} - \alpha_2 \pi_{11}$,這意味著供給方程是可識別的。這是因為供給方程中不包含外生變量 Y,它的信息可對供給方程提供幫助,但需求方程中的結構參數仍無法識別,沒有系統的外生信息可以利用。

如果再引入外生變量稅收 T_t,且放到供給方程中:

供給方程:$Q_t^S = \alpha_1 + \alpha_2 P_t + \alpha_3 T_t + \varepsilon_t$

需求方程：$Q_t^D = \beta_1 + \beta_2 P_t + \beta_3 Y_t + \xi_t$

則可解得：$P_t = \pi_{11} + \pi_{12} Y_t + \pi_{13} T_t + V_1$，$Q_t = \pi_{21} + \pi_{22} Y_t + \pi_{23} T_t + V_2$

同樣通過 OLS 方法可得：$\widehat{\pi} = \begin{pmatrix} \pi_{11} & \pi_{12} & \pi_{13} \\ \pi_{21} & \pi_{22} & \pi_{23} \end{pmatrix}$，並通過 $\widehat{\pi}$，可以得到結構參數 α 和 β。但是，不是在供給方程中加入稅收 T_t，而是在需求方程中再繼續加入新的外生變量，如金融資產 F_t，那麼供給方程就會多增加一個外生信息來源的選擇，而需求方程仍沒有外生信息來源可利用。

可見，聯立方程模型的結構式的某方程的參數可識別與聯立的其他方程引入的外生變量和本方程的內生變量的個數有一定關係。

5.3.1 聯立方程模型可識別問題的提法

一般來說聯立方程模型可識別問題的提法如下：

定義：設聯立方程結構式為 $Y\Gamma + Z\Delta + U = 0$。如果能從聯立方程模型的簡約式 $Y = Z\Pi + V$ 的估計 $\widehat{\Pi}$ 中得到結構式的參數 Γ 和 Δ 的估計 $\widehat{\Gamma}$ 和 $\widehat{\Delta}$，則稱聯立方程模型是可識別的，否則稱為不可識別的。又如果可識別的結構參數存在唯一的取值，就稱模型是恰好識別的，否則稱為過度識別的。

需要注意的是，所謂模型不可識別，指的是聯立方程中至少有某一方程無法從簡約式得出該方程的所有結構參數。過度識別則是得到的結構參數值不是唯一的，這就意味著過度識別的模型有一個取優的問題。這個問題在上節 GMM 方法中討論過。

為了使聯立方程模型可識別，當且僅當每個結構方程可識別，不妨就考察第一個結構方程可識別的必要條件。從 Y 的結構式 $Y\Gamma + Z\Delta + U = 0$ 中，把第一個結構方程形式的寫為：

$$Y_1 = Y_{(1)} \gamma_{(1)} + Z_{(1)} \delta_{(1)} + U_{(1)}$$

這裡 $Y_{(1)}$ 是 $1 \times G_1$ 的，G_1 是方程中內生變量的個數，$Z_{(1)}$ 是 $1 \times M_1$ 的，M_1 是方程中外生變量的個數。又記 $K_1 = G_1 + M_1$，從 Y 的簡約式 $Y = Z\Pi + V$ 中得到 Y_1 的關係式為 $Y_1 = Z\pi_{(1)} + V_{(1)}$，$EZ' V_{(1)} = 0$。這裡 Z 是已經選擇好的 M 個所有外生變量，作為其工具變量。又定義 $M \times M_1$ 的選擇矩陣 $S_{(1)}$，它由 0 和 1 兩元素構成，使得：$Z_{(1)} = Z S_{(1)}$ 成立。所以，$X_{(1)} = (Y_{(1)}, Z_{(1)}) = (Y_{(1)}, Z S_{(1)})$。對第一個結構方程作為單方程是可識別的，由 IV 條件：秩 $E(Z' X_{(1)}) = K_1$，$E(Z' V_{(1)}) = 0$。所以 $E(Z' X_{(1)}) = E Z'(Z \pi_{(1)}, Z S_{(1)}) = E(Z' Z)(\pi_{(1)}, S_{(1)})$，由秩 $E(Z'Z) = M \geq K \geq K_1$，因此秩 $(\pi_{(1)}, S_{(1)}) = G_1 + M_1 = K_1$。即 $(\pi_{(1)}, S_{(1)})$ 是列滿秩的 $M \times K_1$ 矩陣，即 $M \geq G_1 + M_1 \Rightarrow M - M_1 \geq G_1$。於是，得到可識別的階條件，也就是可識別的必要條件。

定理 1（可識別的階條件）：第 i 個結構方程中，不包含在方程 i 中的外生變量的個數 $(M - M_i)$ 必須大於等於方程右邊內生變量的個數 G_i，$i = 1, \cdots, G$。

接下來討論可識別的充分條件，這個問題就比較複雜。需要明確可識別的階條件並不充分，可以舉出滿足階條件但不可識別的例子。現在的問題是，什麼條件下能從 Y 的簡約式回到結構式？我們先看結構式與簡約式的關係。

结构式 $Y\Gamma + Z\Delta + U = 0, U = (U_1, \cdots, U_g)$ 是 $1 \times G$ 的向量误差项，Γ 是 $G \times G$ 矩阵，Δ 是 $M \times G$ 矩阵。假定：Γ 非奇异，$\sum = (U'U)$。那么，可解得：

$$Y = Z(-\Delta \Gamma^{-1}) + U(-\Gamma^{-1}) = Z\Pi + V$$

这里 $\Pi = (-\Delta \Gamma^{-1})$，$V = (-U\Gamma^{-1})$，又令 $\Lambda = EV'V = \Gamma^{'-1}\sum \Gamma^{-1}$。如果 $EZ'V = 0$，且秩 $E(Z'Z) = M$，那么由 SOLS 方法和随机抽样，可以得 Π 和 Λ 的一致估计。问题是，从 Π 和 Λ 能否回到结构参数矩阵 Γ, Δ 和 $\sum$？条件显然不够。因为结构式乘上任意非奇异 $G \times G$ 矩阵 F，得 $Y = (\Gamma F) + Z(\Delta F) + UF = 0$，即 $Y\Gamma^* + Z\Delta^* + U^* = 0$。它与原结构方程 $Y\Gamma + Z\Delta + U = 0$ 是同解方程，它们有等同的简约式。由 F 的任意性，意味着有 G^2 个参数是自由的，又由于非奇异限制，加上跨方程和误差项方差阵 $\sum$ 的有关信息，G^2 个限制还可以减弱。于是，必须对模型中 Γ, Δ 和 $\sum$ 有所限制，这些限制一般是经济学意义的，主要是根据关注的问题和系统中变量的相关关系给出限制。

一般归结为以下四种：

1. 归一化约束（normalization restriction）

$Y\gamma_{(i)} + Z\delta_{(i)} + U_{(i)} = 0$，即 $\gamma_{i1}Y_1 + \cdots + \gamma_{iG}Y_G + \delta_{i1}Z_1 + \cdots + \delta_{iM}Z_M + U_i = 0$。

限制第 i 个结构式系数 $\gamma_{ii} = -1$。将 Y_i 移到右边，与 $Y_i = Y_{(i)}\gamma_{(i)} + Z_{(i)}\delta_{(i)} + U_{(i)}$ 相对应，称为归一化的约束。共有 G 个约束条件，这是一个自然约束。

2. 同方程的参数线性约束（homogeneous liner restriction）

建立结构式方程时，系统中每个方程哪些内生变量互为因果关系和那些外生变量影响哪些内生变量是需要提前设定和考虑的。比如，考虑第 i 个结构方程：

令 $\beta_{(i)} = \begin{pmatrix} \gamma_{(i)} \\ \delta_{(i)} \end{pmatrix}$ 是一个 $(G + M) \times 1$ 的向量结构参数，且 $\beta_{(i)}$ 满足归一化约束条件，从而 $\beta_{(i)}$ 有 $G + M - 1$ 个未定参数。假定关于 $\beta_{(i)}$ 的先验知识可以写成线性约束的形式：$R_{(i)}\beta_{(i)} = 0, i = 1, \cdots, G$。$R_{(i)}$ 是 $J_i \times (G + M)$ 的已知矩阵，J_i 是关于 $\beta_{(i)}$ 的约束数，并假定秩 $R_{(i)} = J_i$，此意味每个约束是有效的。

例：一个三方程的联立系统：$G = 3$ 和 $M = 4$。设第一个结构方程为：

$$Y_1 = \gamma_{12}Y_2 + \gamma_{13}Y_3 + \delta_{11}Z_1 + \delta_{12}Z_2 + \delta_{13}Z_3 + \delta_{14}Z_4 + U_1$$

那么看出：$\gamma_{(1)} = (-1, \gamma_{12}, \gamma_{13})'$。

$\delta_{(1)} = (\delta_{11}, \delta_{12}, \delta_{13}, \delta_{14})', \beta_{(1)} = (\gamma_{(1)}, \delta_{(1)})'$。如果模型设定一个常数项 $Z_1 = 1$，又假定对 $\beta_{(1)}$ 的约束有：$\gamma_{12} = 0$。此意味设计第二个内生变量与第一个内生变量没有关系。又假定，外生变量的参数有约束关系，$\delta_{13} + \delta_{14} = 3$。那么总的约束个数 $J_i = 2$，且约束矩阵为 $R_{(i)} = \begin{pmatrix} 0 & 1 & 0 & 0 & 0 & 0 \\ 3 & 0 & 0 & 0 & 1 & 1 \end{pmatrix}$。从而，$R_{(1)}\beta_{(1)} = (\gamma_{12}, \delta_{13} + \delta_{14} - 3)' = 0$ 为满足对参数 $\beta_{(1)}$ 的同方程的线性约束条件。

现在将参数 $\beta_{(i)}$ 按列排，令 $B = \begin{pmatrix} \Gamma \\ \Delta \end{pmatrix}$ 是 $(G + M) \times G$ 矩阵，又记 $F = (f_1, \cdots f_G), B^* = BF$。则 B^* 的第 i 列 $\beta_{(i)}^*$ 就是 Bf_i。于是限制条件 $R_{(i)}\beta_{(i)}^* = 0 \Leftrightarrow R_{(i)}(Bf_i) = (R_{(i)}B)f_i = 0$。

這是一個齊次線性方程組。例如,對第一個結構式方程,如果 $\beta_{(1)} = Bf_1$ 可識別,意味 $\beta_{(1)}$ 的參數是確定的。因此,齊次方程組 $(R_{(1)}B)f_1 = 0$ 只有唯一的基礎解系 $e_1 = (1, 0, \cdots, 0)'$。又由於 $R_{(1)}B$ 有 G 列,從而加在 B 上的限制 $R_{(1)}$ 使得 $\beta_{(1)}$ 可識別的充分必要條件是:

$$\text{秩 } R_{(1)}B = G - 1$$

定理 2(可識別的秩條件):滿足歸一化條件的結構方程 i 的參數 $\beta_{(i)}$ 是可識別的,當且僅當加在 $\beta_{(i)}$ 上的同方程線性約束 $R_{(i)}\beta_{(i)} = 0$ 滿足秩 $R_{(1)}B = G - 1$。

因為 B 有 G 列,且秩 $B = G$(列滿秩,否則設定 B 的某列參數無意義)。所以,我們必有秩 $R_{(i)} \geq G - 1$,設秩 $R_{(i)} = J_i$,於是,我們得到另一種表述的階條件。

定理 3(可識別的階條件):聯立方程第 i 個結構式可識別的階條件是,加在第 i 個結構式上參數的約束個數 J_i 必須大於等於 $G - 1$。

從而 $J_i < G - 1$,則第 i 個結構式是不可識別的,$J_i > G - 1$,則第 i 個結構式是過度識別的。

看一個雖然滿足階條件卻不滿足秩條件,從而系統不可識別的例子:

$$y_1 = \gamma_{12} y_2 + \gamma_{13} y_3 + \delta_{11} Z_1 + \delta_{13} Z_3 + U_1$$
$$y_2 = \gamma_{21} y_1 + \delta_{21} Z_1 + U_2$$
$$y_3 = \delta_{31} Z_1 + \delta_{32} Z_2 + \delta_{33} Z_3 + \delta_{34} Z_4 + U_3$$

這裡 $Z_1 = 1$(為截距項),$EU_g = 0, g = 1, 2, 3, G = 3$ 且 $M = 4$。對第一個結構方程,按歸一化約束,設計限制為 $\gamma_{11} = -1, \delta_{12} = 0, \delta_{14} = 0$,方程右邊的內生變量有兩個,但不含在該方程中的外生變量也有兩個,所以第一個結構方程滿足階條件。

檢查秩條件。因為 $\beta_{(1)} = (-1, \gamma_{12}, \gamma_{13}, \delta_{11}, \cdots, \delta_{14})'$ 的限制條件是 $\delta_{12} = 0$ 和 $\delta_{14} = 0$,於是:

$$R_{(1)} = \begin{pmatrix} 0 & 0 & 0 & 0 & 1 & 0 & 0 \\ 0 & 0 & 0 & 0 & 0 & 0 & 1 \end{pmatrix}$$

$$\therefore R_{(1)}B = \begin{pmatrix} \delta_{12} & \delta_{22} & \delta_{32} \\ \delta_{14} & \delta_{24} & \delta_{34} \end{pmatrix}$$

又從第二個結構式的設計限制知:$\delta_{22} = 0, \delta_{24} = 0$。因此 $R_{(1)}B = \begin{pmatrix} 0 & 0 & \delta_{32} \\ 0 & 0 & \delta_{34} \end{pmatrix}$。

$\therefore$ 秩 $R_{(1)} = 1$,不滿足秩條件 $G - 1 = 2$。故第二個方程的限制設計導致了第一個結構方程不可識別。

第二個結構方程可識別的條件為 $\delta_{13} \neq 0$ 或 $\gamma_{13} \neq 0, Z_3$ 或 y_3 作為 y_1 的工具變量。

第三個結構式不含內生變量是自然可識別的。

3. 跨方程的參數約束(cross equation restriction)

前述討論結構參數的約束都限定在同一個方程中,毫無疑問,如果結構參數的約束是跨方程的,也將為可識別問題提供幫助。我們不一般討論跨方程的約束問題,因為太複雜。這裡只是通過舉例說明:

$$y_1 = \gamma_{12} y_2 + \delta_{11} Z_1 + \delta_{12} Z_2 + \delta_{13} Z_3 + U_1 \qquad (1)$$

$$y_2 = \gamma_{21} y_1 + \delta_{21} Z_1 + \delta_{22} Z_2 + U_2 \tag{2}$$

滿足 Z_1, Z_2, Z_3 與 U_1, U_2 不相關，Z_1 可以是常數項，如果無任何其他先驗信息可利用，則第一結構式是不可識別的，且第二個結構式當且僅當 $\delta_{13} \neq 0$ 是恰好可識別的。

現在考慮一個跨方程的約束條件：假定 $\delta_{22} = \delta_{12}$。這意味著解釋變量對因變量 y_1 和 y_2 的解釋作用是等同的。於是由(2)，Z_3 作為 y_1 的工具變量，用 2SLS，可得到 $\hat{\delta}_{22}$，再對 $y_1 - \hat{\delta}_{22} Z_2 = \gamma_{12} y_2 + \delta_{11} Z_1 + \delta_{13} Z_3 + \text{error}$；用 Z_2 作為 y_2 的工具變量，只要 $\delta_{22} = \delta_{12} \neq 0$ 用 2SLS，可得到 $\hat{\gamma}_{12}, \hat{\delta}_{11}, \hat{\delta}_{13}$，且估計是一致的，從而(1)可以識別。但是用這種單方程方法得到的協方差估計 $\text{cov}\hat{\beta}_{(i)}$ 和 $\hat{\gamma}_{12}, \hat{\delta}_{11}, \hat{\delta}_{13}$ 標準差估計 $\text{se}(\hat{\gamma}_{12})$，$\text{se}(\hat{\delta}_{11})$，$\text{se}(\hat{\delta}_{13})$，由於初始估計 $\hat{\delta}_{22}$ 的影響，可能不是漸近有效的，這會影響到檢驗。解決的辦法是：把跨方程約束 $\delta_{22} = \delta_{12}$ 代入，將原聯立方程改寫成如下形式：

$$\begin{pmatrix} y_1 \\ y_2 \end{pmatrix} = \begin{pmatrix} y_2 & Z_1 & Z_2 & Z_3 & 0 & 0 \\ 0 & 0 & Z_2 & 0 & y_1 & Z_1 \end{pmatrix} \beta + \begin{pmatrix} U_1 \\ U_2 \end{pmatrix}, \beta = (\gamma_{12} \quad \delta_{11} \quad \delta_{12} \quad \delta_{13} \quad \gamma_{21} \quad \delta_{21})'$$

參數 δ_{22} 不再在方程中出現。選擇工具矩陣 $I_2 \otimes Z = \begin{pmatrix} Z_1 & Z_2 & Z_3 & 0 & 0 & 0 \\ 0 & 0 & 0 & Z_1 & Z_2 & Z_3 \end{pmatrix}$，即用所有的外生變量作為每一個方程的工具變量，採用聯立方程的 GMM 方法或 3SLS 方法可得一致、有效的估計。這個例子說明了聯立性和 GMM 方法的作用，如果只是從單方程來考慮，系統就是不可識別的，也就無法得出一致、有效的估計。

4. 協方差約束(covarionance restriction)

聯立方程中誤差項之間的有關信息也能為系統識別提供幫助，請看下例：

$$y_1 = \gamma_{12} y_2 + \delta_{11} Z_1 + \delta_{13} Z_3 + U_1 \tag{1}$$

$$y_2 = \gamma_{21} y_1 + \delta_{21} Z_1 + \delta_{22} Z_2 + \delta_{23} Z_3 + U_2 \tag{2}$$

從秩條件知，如果 $\delta_{22} \neq 0$，則方程(1)是恰好可識別的，方程(2)是不可識別的。現在假定對誤差項 U_1, U_2 有協方差限制：$\text{cov}(U_1, U_2) = E(U_1 U_2) = 0$。設 $\Sigma = E(U'U)$，則從限制知 Σ 是對角矩陣。

由於(1)可識別，從而可得到 $\gamma_{12}, \delta_{11}, \delta_{13}$ 的一致估計，並由此可得到 U_1 的一致估計 $\hat{U}_1$。已知 $\hat{U}_1$ 與 U_2 不相關，且 $\hat{U}_1$ 與 Y_1 必定偏相關，因此我們可以用 $Z_1, Z_2, Z_3, \hat{U}_1$ 作為 y_1 的工具變量估計方程(2)，所以方程(2)也是可識別的。我們可以用 2 個 2SLS 來完成估計。

步驟：(1)用 Z_1, Z_2, Z_3 為 y_2 的工具變量對方程(1)做 2SLS，並得到殘差 $\hat{U}_1$；

(2)用 $Z_1, Z_2, Z_3, \hat{U}_1$ 為 y_1 的工具變量對方程(2)做 2SLS。

但是做假設檢驗，還要保證協方差矩陣的一致性和 $\sqrt{N}$ 漸近正態性。因為 $\hat{U}_1$ 是一個廣義工具變量，涉及非線性的問題，需要加強條件。

例：完全迭代(遞歸)的系統模型(fully recursive system)

$$y_1 = \delta_{11} Z + U_1 \tag{1}$$

$$y_2 = \gamma_{21} y_1 + Z \delta_2 + U_2 \tag{2}$$

$$\cdots$$

$$y_G = \gamma_{G1} y_1 + \cdots + \gamma_{GG-1} y_{G-1} + \delta_{21} Z_1 + Z \delta_G + U_2 \tag{G}$$

系統中，如果限制假定 $\text{cov}(U_g, U_h) = 0, \forall g \neq h$，即 $\Sigma = E(U'U)$ 是對角矩陣。那麼，從方程(1)開始做 OLS，得到 $\hat{y}_1$；代入方程(2)，滿足 OLS1 和 OLS2 的條件，對方程(2)再做 OLS，得到 $\hat{y}_2$；如此下去，可知迭代系統是可識別的，且估計是一致的。但是，OLS 方法得到的估計有效性較差，特別是方程個數 G 很大時，可考慮選擇 GMM 方法再進行估計。

註：協方差約束限制常用在向量時間序列(SVAR)的分析中，因為沒有其他的外生變量加入 SVAR 中。另外，各種約束可以聯合起來用，具體問題要具體分析。系統選擇用自己的外生變量和跨方程或協方差矩陣的有關信息來解決系統本身的可識別問題，是建立聯立方程模型的一個重要動機，它不需要從系統外去找工具變量。我們在面板數據模型中會進一步看到，巧妙利用好各種限制約束條件，是建模的一種藝術，需要用到大量經濟學的知識，並需要在實際應用中去體會。

最後舉一個例子：

同時考慮已婚工作婦女的勞動供給條件，與工資方程一起建立聯立的結構式模型：

$$\text{hours} = \gamma_{12}\ln(\text{wage}) + \delta_{10} + \delta_{11}\text{educ} + \delta_{12}\text{age} + \delta_{13}\text{kidslt6} + \delta_{14}\text{kidsge6} + \delta_{15}\text{nwifeinc} + u_1$$

$$\ln(\text{wage}) = \gamma_{21}\text{hours} + \delta_{20} + \delta_{21}\text{educ} + \delta_{22}\text{exper} + \delta_{23}\text{exper}^2 + u_2$$

假定 $E(U_i \mid \text{educ}, \text{age}, \text{kidslt6}, \text{kidsge6}, \text{nwifeinc}) = 0$，這裡 kidsge6 是 6~18 歲孩子個數，nwifeinc 是非勞動收入。

注意，模型認為過去的經驗對當年工作小時數沒有影響，常被勞動經濟學採用。故 exper 和 exper^2 不在供給方程中出現。又供給方程只有一個內生型變量，所以供給方程是含有一個過度識別的方程。又 age, kidslt6, kidsge6, nwifeinc 不在需求工資方程中出現，且需求也只有一個內生性變量，所以需求方程是含有 3 個過度識別的方程。

對第一個勞動供給方程，先不考慮內生性問題，做 OLS。然後利用第二個方程的所有外生變量作為工具做 2SLS，加以比較。數據來源是 MROZ.RAW，樣本是 428 個已婚工作婦女的年工作小時。以下是迴歸結果：

$$\text{SOLS}: \widehat{\text{hours}} = \cdots - 17.41\ln(\text{wage}) + \cdots$$
$$(54.22)$$

$$\text{S2SLS}: \widehat{\text{hours}} = \cdots + 1,544.82\ln(\text{wage}) + \cdots$$
$$(480.74)$$

關於 SOLS，儘管 lnwage 統計顯著，但負號明顯顯示不符合實際意義。有內生性，估計不一致，SOLS 不能用。

關於 S2SLS，lnwage 的迴歸係數是 1,544.82 單位小時。在樣本平均值處，hours = 1,303，得到彈性 $\varepsilon = 1.2$。此結果說明，工資每增長 1%，工作小時會增長 1.2%。估計仍然偏大。因此，S2SLS 也不滿意。

關於檢驗，用 2SLS 殘差 $\hat{u}_1$ 對所有外生變量迴歸，得 $R^2_{u_1} = 0.002$，因此得 $\text{LM} = NR^2_{u_1} = 428 \times 0.002 \approx 0.856$，$P$ 值 ≈ 0.355。不能拒絕過度識別。又在第二個工資方程中，關於工具 age, kidslt6, kidsge6, nwifeinc 的聯合 F 檢驗，P 值僅為 $0.000,9$。應拒絕 (H_0) 變量為

0 的假設，工具變量選擇有意義。

另外，2SLS 迴歸結果 hours 的系數為 0.000,16，標準差 se0.000,22。通不過 t 檢驗，第二個方程應去掉內生變量 hours 項，第二個方程沒有內生性，可直接用 OLS 方法。

有意思的是，如果建模不是聯立式，而是按均衡方式直接給出供求相等的迴歸模型：

hours = γ_{22}ln(wage) + δ_{20} + δ_{21}educ + δ_{22}exper + δ_{23}exper^2 + u_2，同樣選工具 age, kidslt6, kidsge6, nwifeinc 做聯合的 F 檢驗，P 值則為 0.46。不能拒絕 (H_0) 變量為 0 的假設，工具變量選擇沒有意義。因此，供求相等的迴歸模型不可識別，方程沒有意義。所以，建模選擇適當的規範也是很重要的。

以上分析，建議直接上機練習，並進一步考慮用 GMM 最優權方法或 S3SLS 方法來實現，並加以比較。

註：根據彈性的定義，$\varepsilon = \dfrac{\dfrac{d(\text{hours})}{\text{hours}}}{\dfrac{d(\text{wage})}{\text{wage}}}$，由 $d(\text{hours})/d(\text{lnwage}) = 1,544.82$，所以，在 $\overline{\text{hours}} = 1,303$ 處，彈性 $\varepsilon = \dfrac{1,544.82}{1,303} \approx 1.2$。

本章附錄

GMM 方法和 3SLS 的最優權矩陣

定義：設 $\widehat{W}$ 是一個 $L \times L$ 的已知正定矩陣，令 $\widehat{\beta}_{\text{GMM}}$ 是求解下式二次型的最優解。

$$\min_{\beta} \left[\sum_{i=1}^{N} Z'_i(Y_i - X_i\beta)\right]' \widehat{W} \left[\sum_{i=1}^{N} Z'_i(Y_i - X_i\beta)\right]$$

$$= [Z'(Y_i - X_i\beta)]' \widehat{W} [Z'(Y - X\beta)]$$

則稱 $\widehat{\beta}_{\text{GMM}}$ 是模型 $Y = X\beta + U$ 的廣義矩估計，記成 GMM $\widehat{\beta}$。

因為 $\widehat{W}$ 正定，故有分解 $\widehat{W} = \widehat{W}^{\frac{1}{2}} \times \widehat{W}^{\frac{1}{2}}$，令 $\widetilde{Y} = \widehat{W}^{\frac{1}{2}} Z'Y, \widetilde{X} = \widehat{W}^{\frac{1}{2}} Z'X$。則：

$$\min_{\beta} [Z'(Y - X\beta)]' \widehat{W} [Z'(Y - X\beta)] = \min_{\beta} [(\widetilde{Y} - \widetilde{X}\beta)]' [(\widetilde{Y} - \widetilde{X}\beta)]$$。故得：

$$\widehat{\beta}_{\text{GMM}} = (\widetilde{X}' \widetilde{X})^{-1} (\widetilde{X}' \widetilde{Y}) = (X'Z \widehat{W} Z'X)^{-1} (X'Z \widehat{W} Z'Y)$$

可以證明，$\widehat{\beta}_{\text{GMM}}$ 是一致和漸近正態的，且：

$$\text{AVAR} \sqrt{N} (\widehat{\beta}_{\text{GMM}} - \beta) = (C'WC)^{-1} (C'W\Lambda WC)(C'WC)^{-1}$$

其中 $C = E(Z'_i X_i), \Lambda = E(Z'_i U_i U'_i Z_i) = \text{Var}(Z'_i U_i), \forall i$。這裡 W 是一非隨機的、給定的與工具 Z 的方差信息有關的矩陣。我們補充假定：

SIV3：$\{\widehat{W}_N\}$ 是一已知的隨機矩陣序列，且有 $\widehat{W}_N \xrightarrow{p} W$。特別地，取 $\widehat{W}_N$ =

$$\left(\frac{1}{N}\sum_{i=1}^{N}Z_i'Z_i\right)^{-1} = \left(\frac{1}{N}Z'Z\right)^{-1} \xrightarrow{p} [E(Z'Z)]^{-1} = W, \text{ 則：}$$

$$\hat{\beta}_{GMM} = [X'Z(Z'Z)^{-1}Z'X]^{-1}[X'Z(Z'Z)^{-1}Z'Y]$$

類似於單方程的 2SLS $\hat{\beta}$ 估計，故稱聯立的 S2SLS $\hat{\beta}$。S2SLS $\hat{\beta}$ 滿足 SIV1—3 的條件，故有一致性和漸近正態性，但不一定是漸近有效的。

下面的問題是，我們需要尋找一個更好的序列 $\hat{W}_N \xrightarrow{p} W$，使得估計 $\hat{\beta}_{GMM}$ 具有最小方差性，稱該 W 為最優權矩陣。最優權矩陣的求法：

(1) 設 $\hat{\hat{\beta}}$ 是 β 的一個任意一致估計，大部分情況下，取 $\hat{\hat{\beta}}$ 是聯立的 S2SLS 最為方便；

(2) 有了 $\hat{\hat{\beta}}$，對每個 i，得到 $G \times 1$ 的殘差向量：$\hat{U}_i = Y_i - X_i\hat{\hat{\beta}}$；

(3) 再得到 $\hat{\Lambda}_N = \frac{1}{N}\sum_{i=1}^{N} Z_i'\hat{U}_i\hat{U}_i'Z_i$，且 $\hat{\Lambda}_N \xrightarrow{p} E(Z_i'U_iU_i'Z_i) = \text{Var}(Z_i'U_i) = \Lambda$；

(4) 選取 $W = \Lambda^{-1}$。

補充假定 SIV4：$W = \Lambda^{-1}, \Lambda = \text{Var}(Z_i'U_i), \forall i$。$\hat{W}_N = \hat{\Lambda}_N$，則：

$\hat{\beta}_{GMM} = [X'Z\hat{W}Z'X]^{-1}[X'Z\hat{W}Z'Y]$ 為漸近有效的 GMM 估計，稱為最小卡方估計，記成 $\hat{\beta}_{Kai}$，或 Kai $-\hat{\beta}$。

證明：因為滿足 SIV1—3 條件下，$\hat{\beta}_{GMM}$ 的協差矩陣：

$$(C'WC)^{-1}(C'W\Lambda WC)(C'WC)^{-1} = A$$

而滿足 SIV1—4 條件下，$\hat{\beta}_{Kai}$ 的協差矩陣則簡化為 $(C'WC)^{-1} = (C'\Lambda^{-1}C)^{-1} = B$。要說明 B 是漸近有效的，即要證明 $A - B$ 半正定，即要證 $B^{-1} - A^{-1}$ 半正定。注意到，$\Lambda = \Lambda^{\frac{1}{2}}\Lambda^{\frac{1}{2}}$ 正定：

$$\therefore B^{-1} - A^{-1} = C'\Lambda^{-1}C - (C'WC)(C'W\Lambda WC)^{-1}(C'WC)$$
$$= C'\Lambda^{\frac{1}{2}}\Lambda^{\frac{1}{2}}C - (C'\Lambda^{\frac{1}{2}}\Lambda^{\frac{1}{2}}WC)(C'W\Lambda^{\frac{1}{2}}\Lambda^{\frac{1}{2}}WC)^{-1}(C'W\Lambda^{\frac{1}{2}}\Lambda^{\frac{1}{2}}C)$$
$$= C'\Lambda^{\frac{1}{2}}(I - D(D'D)^{-1}D')\Lambda^{\frac{1}{2}}C, \quad D = \Lambda^{\frac{1}{2}}WC$$

$\because I - D(D'D)^{-1}D'$ 是冪等矩陣，它是半正定的，$\therefore B^{-1} - A^{-1}$ 半正定。又如果我們有關於工具變量與誤差項乘積方差可分離的信息，一個條件期望下的充分條件是：

$$E(U_iU_i' | Z_i) = E(U_iU')$$

令 $\Omega = E(U_iU')$，$\forall i$。

那麼，補充假定 SIV5：$E(Z_i'U_iU_i'Z_i) = E(Z_i'\Omega Z_i) \forall i$。

現在用可行的 $\hat{\Omega} = \frac{1}{N}\sum_{i=1}^{N}\hat{U}_i\hat{U}_i'$，其中 $\hat{U}_i = Y_i - X_i\hat{\hat{\beta}}$ 是 S2SLS 殘差。這是辦得到的。我們知 $\hat{\Omega} \xrightarrow{p} E(U_iU'_i) \forall i$。所以：

選取權矩陣 $\hat{W}_N = \left(\frac{1}{N}\sum_{i=1}^{N}Z_i'\hat{\Omega} Z_i\right)^{-1} = [Z'(I_N \otimes \hat{\Omega})Z/N]^{-1} \xrightarrow{p} W$
$$= [E(Z_i'\Omega Z_i)]^{-1}$$

(注意與 $\hat{\Lambda}^{-1} = [E(Z_i'U_iU_i'Z_i)]^{-1}$ 不同)

那麼,在 SIV1—5 條件下:
$$\hat{\beta}_{3SLS} = [X'Z(Z'(I_N \otimes \hat{\Omega})Z)^{-1}Z'X]^{-1}X'Z(Z'(I_N \otimes \hat{\Omega})Z)^{-1}Z'Y$$

稱為 β 的 GMM 三階段最小二乘估計,記成 $\hat{\beta}_{3SLS}$。3SLS $\hat{\beta}$ 是無偏、一致、漸近有效的。

註:(1)當條件 SIV5 不成立時,3SLS $\hat{\beta}$ 就不如最小卡方 Kai－$\hat{\beta}$ 來得好。即使 SIV5 成立,3SLS $\hat{\beta}$ 也不一定比最小卡方 Kai－$\hat{\beta}$ 表現好。但現在仍多用 3SLS,部分是歷史原因,另外在相對少的樣本量情況下,3SLS $\hat{\beta}$ 有效性比最小卡方 Kai－$\hat{\beta}$ 表現好。

(2)傳統觀點下,3SLS $\hat{\beta}$ 與上述的 GMM 方法得到的 3SLS $\hat{\beta}$ 有所不同。傳統的 3SLS 方法是:

①第一階段 X on Z,得 $\hat{\pi} = (Z'Z)^{-1}Z'X$;

②第二階段 $\hat{X}_i = Z_i \hat{\pi}$ 和 Y on $\hat{X}$,得 2SLS 殘差 $\hat{U}$ 和 $\hat{\Omega} = \frac{1}{N}\sum_{i=1}^{N}\hat{U}_i\hat{U}_i'$;

③第三階段對 $(Y, \hat{X})$ 做 GLS,得 $\hat{\beta} = [\sum_{i=1}^{N}\hat{X}_i'\hat{\Omega}^{-1}\hat{X}_i]^{-1}[\sum_{i=1}^{N}\hat{X}_i'\hat{\Omega}^{-1}Y_i]$
$$= [\hat{X}'(I_N \otimes \hat{\Omega}^{-1})\hat{X}]^{-1}\hat{X}'(I_N \otimes \hat{\Omega}^{-1})Y。$$

在 SIV1-3 假定下,G3SLS $\hat{\beta}$ 是一致的,而傳統的 3SLS $\hat{\beta}$ 不一定是一致的。

(3)聯立方程模型有多種估計方法,對模型的要求是,估計精度越高,要求越高。我們不一定要一味追求高精度。例如我們僅關注第一個結構式的 $\hat{\beta}_1$,那麼我們僅按單方程模型要求 $EZ_1'U_1 = 0$ 和秩 $EZ_1'X_1 = k_1$ 就可得 β_1 的 2SLS $\hat{\beta}_1$,而不必對系統的其他方程尋找更多工具變量。具體問題要具體分析。某些方程的設定採用了 3SLS 方法,會導致問題複雜化。數據、模型、計算機是為人服務的,在熟練掌握計算機軟件的前提條件下,把多種估計方法加以比較,並做出合理解釋,大量實踐經驗是必不可少的。

我們知道,$W = \Lambda^{-1}$ 是在給定工具變量集 Z 下的最優權矩陣。進一步的問題是,選擇滿足什麼條件的工具變量集是最優的。換句話說,工具變量並不是越多越好,因為太多的工具變量會造成過度識別,產生非常差的有限樣本性質(減少自由度、有效性降低)。關於最優工具變量集,我們陳述如下的定理:

最優工具變量定理:

如果對某一向量集 Z 滿足:$E(U_{ig} | Z_i) = 0, g = 1, \cdots, G$,$\forall i$。即 Z_i 對每個結構方程都是外生的。那麼,取 $Z_i^* = \Omega(Z_i)^{-1}E(X_i | Z_i)$,其中 $\Omega(Z_i) = E(U_i'U_i | Z_i)$,若秩 $E(Z_i^*X_i) = K$,則 Z_i^* 是最優工具變量。

該定理說明,一旦我們得到 Z_i^*,所有其他有關 Z_i 的函數作為工具變量加入是多餘的。例如 GLS 方法。$E(U_i | X_i) = 0$,且 $E(U_iU_i' | X_i) = \Omega$。那麼最優工具是 $Z_i^* = \Omega^{-1}X_i$。問題是 $\Omega(Z_i)$ 和 $E(X_i | Z_i)$ 的驗證,如果沒有更多的信息假定,我們並沒有更多的手段。

第 6 章
面板數據模型

6.1 基本概念

  在聯立方程模型中,已接觸到面板數據模型,但只是作為一種特殊的聯立形式來討論,即不同時間和不同個體僅是一種混合的普通樣本,採用 POLS 方法處理。但是這種思路並沒有考慮面板數據中不同時間段和不同個體的二元特徵,而這些特徵往往有明確的經濟背景,尤其是時間特徵,潛藏著政策因素,這在經濟分析中是得天獨厚的。為此,面板數據除了樣本因素容易獲取之外,刻意地把時間因素引入模型中,能解決經濟分析和模型分析中的許多問題。本章的特點是以存在不可觀測效應(unobserved effect)的現代觀點重新闡釋面板數據模型,這也是現代觀點與傳統觀點認知面板數據的不同。

  不可觀測效應的含義是,從不同時間抽取的樣本數據中,存在一個相對時間不變的不可觀測的因素,稱為個體的異質性(heterogeneity)。例如,樣本個體選擇家庭,那麼認知能力、動機、遺傳等相對時間不變且不可觀測;樣本個體選擇企業,那麼管理水準、創新能力等相對時間不變且不可觀測。如何處理這些對結果產生影響的潛在因素?我們當然同樣可以採用前面幾章介紹的代理變量法和多指標工具變量法,但是這些方法沒有利用面板數據的特徵,合理利用面板數據的特徵就是本章需要討論的問題。此外,面板數據作為截面數據和時間序列數據的混合,能反應模型的動態結構,故也可作為動態分析的內容加以討論。

  面板數據在現實經濟活動中有廣泛的來源,因此也同樣有廣泛的應用背景。我們可以針對不同的問題設計不同的模型。合理運用面板數據和模型,能給我們帶來更多有意義的統計分析結果,但是全面掌握面板數據模型的運用,還應該系統學習時間序列課程,

本章只是在聯立方程模型的基礎上展開討論的。

先看下面三個例子：

例1：職業培訓的評價

要評價培訓的效果(或實施某一政策的效果等)，一個標準的評價模型是：

$$y_{it} = \theta_t + Z_{it}\gamma + \delta_1 \text{prog}_{it} + c_{it} + u_{it}$$

這裡 t 特設為二期，$t = 1, 2$。θ_t 表示隨時間變化的截距項，Z_{it} 是可觀察的影響因素 y 的隨機變量，prog_{it} 是被關注的虛擬變量，表示參加第二期培訓為1，否則為0，c_i 為個人是否選擇接受培訓的選擇，它是不可觀測的，是一個與個人內在因素相關且與 t 無關的潛在因素。又為了消除政策因素外其他因素的影響，在時間段2中將 Y 分成處理組 A 和對照組 B 兩部分。在 $t = 1$，無人處在處理組；在 $t = 2$，部分人處在對照組，部分人處在處理組。再設置一個虛擬變量 d_{2t}，表示如 $t = 2$ 且在處理組為1，否則為0。模型即為：

$$y_{it} = \theta_1 + \theta_2 d_{2t} + Z_{it}\gamma + \delta_1 \text{prog}_{it} + c_i + u_{it}$$

顯然參數 δ_1 反應了政策因素對 Y 的貢獻。進行假設檢驗 $H_0 : \delta_1 = 0$，拒絕 H_0 說明培訓效果有顯著性。

例2：R&D 的分佈滯後模型

要評價過去的投入產生的效果，採用面板數據關於時間的滯後模型：

$$\text{patents}_{it} = \theta_t + Z_{it}\gamma + \delta_0 RD_{it} + \delta_1 RD_{it-1} + \cdots \delta_5 RD_{it-5} + C_i + U_{it}$$

這裡 RD_{it} 是廠商 i 在 t 期用於 R&D 的投入，滯後表示過去的投入對現在的影響。patents_{it} 是專利收入，C_i 是企業 i 不可觀測的內在與時間無關的因素，則 $\delta_1, \cdots, \delta_5$ 反應的就是過去技術研究投入對企業的貢獻。這裡問題的關鍵是 C_i 的存在導致 $RD_{it-1}, \cdots,$ RD_{it-5} 是內生的。

例3：時間序列自迴歸模型

僅利用自身的時間數據進行評價，採用自迴歸的 AR 模型：

$$\ln(\text{wage}_{it}) = \beta \ln(\text{wage}_{it-1}) + c_i + u_{it}$$

這裡模型儘管簡單，但時間的關聯性，導致滯後有明顯的內生性。

我們的問題是，針對以上三個例子的問題，該如何進行估計和檢驗？

6.1.1　面板數據模型基於聯立方程模型下的估計與檢驗

回憶聯立方程模型中的有關 PD 模型的假設條件：$y_t = X_t \beta + U_t, t = 1, \cdots, T$。

假定 Pols1： $E(X_t' U_t) = 0, t = 1, \cdots, T$；

Pols2： 秩 $\sum_{t=1}^{T} E(X_t' X_t) = 0, t = 1, \cdots, T$；

Pols3： a. $E(u_t^2 X_t' X_t) = \sigma^2 E(X_t' X_t), \sigma^2 = u_t^2, \forall t$；

　　　　b. $E(u_t u_s X_t' X_s) = 0, \forall t \neq s$。

注意：第一，Pols1 並沒有要求不同時間的 X 和 U 交叉不相關，即 $\text{cov}(X_t, U_s) \neq 0$ 沒有關係 ($t \neq s$)。第二，Pols2 僅僅是排除所有 $X_t, t = 1, \cdots, T$ 的完全共線性，以保證 β 可識別，這比單方程要求秩 $E(X_t' X_t) = k$ 更容易滿足。它並不要求每個方程都獨立。第三，Pols3 類似同方差假定，不成立不會影響一致性，只是為檢驗提供了方便。

在以上假設條件下,可得一致的 Pols 估計:

$$\hat{\beta} = \left(\sum_{i=1}^{N}\left[\sum_{t=1}^{T} X'_{it}X_{it}\right]\right)^{-1}\left(\sum_{i=1}^{N}\left[\sum_{t=1}^{T} X'_{it}y_{it}\right]\right) = (X'X)^{-1}(X'Y)$$

在假定 Pols3 下,總體有漸近方差 $\mathrm{Avar}(\hat{\beta}) = \sigma^2 [E(X'X)]^{-1}$,所以漸近方差矩陣估計為 $\mathrm{Avar}(\hat{\beta}) = \hat{\sigma}^2(X'X)^{-1}, \hat{\sigma}^2 = \sum_{i=1}^{N}\sum_{t=1}^{T} \hat{u}_{it}^2/NT-K$。

又當有內生性產生, $X_t(1 \times K$ 向量) 中有某些解釋變量同 U_t 相關,令 $Z_t(1 \times L$ 向量,$L \geq K$) 是工具變量,且滿足工具變量的假定條件,那麼 P2SLS 估計為:

(1) X_t 對 Z_t 迴歸,得 $\hat{X}_t, t = 1, \cdots, T$;

(2) y_t 對 $\hat{X}_t$ 迴歸,得 P2SLS $\hat{\beta}$ 估計為:$\hat{\beta}_{2SLS} = [X'Z(Z'Z)^{-1}ZX]^{-1}[X'Z(Z'Z)^{-1}Z'Y]$。

並可得相應殘差形式的 F 統計量:$F = \dfrac{SSR_r - SSR_{ur}}{SSR_{ur}} \dfrac{NT-K}{K}$。這個思路與單方程的完全相同,只是增加了不同時間下的樣本容量。

我們在上述 PD 模型的基礎上,擴展各種特色的 PD 模型和估計檢驗方法。當然這是建立在某些更強的數據信息假定基礎上的,也能夠體現出面板數據模型的重要特點。

6.1.2 不可觀測效應的嚴格外生性假定

面板數據處理的現代觀點是引入不可觀測效應。設不可觀測效應模型(UEM)為:$y_{it} = X_{it}\beta + c_i + U_{it}, t = 1, \cdots, T$。這裡在前面 PD 模型基礎上加上 c_i 作為不可觀測的與時間無關的個體特質的潛在變量(latent variable),也稱為不可觀測的異質性(unobserved heterogeneity)。它是面板數據模型的基本特色。

由於 c_i 不可觀測,傳統觀點對它有兩種理解:一種是將 $c_i + U_{it} = V_{it}$ 合併看成隨機誤差,稱為隨機效果;另一種是視 c_i 為與個體 i 有關的未知但固定的常數,稱為固定效果。但是按現代觀點,關鍵要看潛在的 c_i 與解釋變量 X_{it} 是否相關。若認為 c_i 與 X_{it} 不相關,則作為隨機效果處理,將 c_i 與 U_{it} 合併成 $V_{it} = c_i + U_{it}$(此時模型是正確設定的);若認為 c_i 與 X_{it} 相關,則作為固定效果處理。

面板數據現代觀點的另一個重要特點是,時間不是給定的,即可觀測的 X_{it} 可按時間不斷抽樣,從而存在未來原因 $X_{is}(s > t)$ 對當前結果 y_{it} 的反饋,導致 X_{it} 與 X_{is} 之間產生複雜的相關關係。為消除這種複雜性,引入嚴格外生性假定如下:

對所有觀察時間 $t = 1, \cdots, T, E(y_{it} | X_{i1}, X_{i2}, \cdots, X_{iT}, c_i) = E(y_{it} | X_{it}, c_i) = X_{it}\beta + c_i$。

含義是一旦當前時間 X_{it} 和 c_i 給定,那麼對不是當前時間 $s \neq t, X_{is}$ 對 y_{it} 沒有邊際影響。(直觀理解是 y_{it} 僅與當前的 X_{it} 相關,而與其他的時間 s 無關)

由於 c_i 不可觀測,為了進一步排除 c_i,可以給出一個更嚴格的外生性假定:

$$E(y_{it} | X_{i1}, X_{i2}, \cdots, X_{iT}) = E(y_{it} | X_{it}) = X_{it}\beta$$

滿足這個假定的前提是 c_i 與任一 X_{it} 都無相關性。∵ $E(y_{it} | X_{i1}, X_{i2}, \cdots, X_{iT}) = X_{it}\beta + E(c_i | X_{i1}, X_{i2}, \cdots, X_{iT})$,∴ 如果,潛在的 c_i 與某一 X_{it} 相關,更嚴格的外生假定就不成立。

UEM 模型的嚴格外生假定,在實際應用中常用誤差項 U_{it} 表述成:

$$E(U_{it} | X_{i1}, X_{i2}, \cdots, X_{iT}, c_i) = 0, t = 1, \cdots, T \tag{1}$$

或弱化為：
$$E(X'_{is} U_{it}) = 0, \forall s, t = 1, \cdots, T \qquad (2)$$

注意：方程(1)意味著 U_{it} 和 $\forall t$ 的 X_{it} 及 c_i 均無關，而方程(2)則沒有要求 c_i 與 U_{it} 無關，顯然更弱。方程(2)雖然不會影響估計的一致性，但會影響假設檢驗，因此一般在 UEM 下，我們總假定更強的方程(1)成立。於是 UEM 可改寫成：$y_{it} = X_{it}\beta + V_{it}, t = 1, \cdots, T$。$V_{it}$ 稱為複合誤差。這就回到了標準的 PD 模型。

如果能夠確認 $E(X'_{is}, V_{it}) = 0$，當然可以向前一章介紹的那樣採用 POLS 方法，得到 POLS $\hat{\beta}$。這不是本章的目標，因為混合誤差 V_{it} 有許多信息沒有提取出來。用「粗略」的 POLS 方法雖然能得到 β 的一致估計，但在有限樣本時估計效果很差，而且統計推斷需要用穩健的方差矩陣估計和採用穩健的檢驗統計量形式，即 F 檢驗不能用。這樣面板數據除了增加樣本容量外沒有提供任何其他幫助。更重要的是，當 X_{it} 中某個分量與 c_i 相關，或含有 y_{it} 的滯後項 y_{it-1}，由於 y_{it-1} 與 c_i 相關，從而條件 $E(X'_{is}, V_{it}) = 0$ 就不成立，POLS 估計就不再是一致的了，POLS 方法就不能用。

因此，對於面板數據的 UEM 模型，在更強的假定條件(1)下，可採用不同的統計方法，能取得更好的估計和推斷效果。最基本的面板數據的處理方法有隨機效果(RE)、固定效果(FE)和一階差分(FD)三種方法，本章將分別予以介紹。

6.2 隨機效果方法

6.2.1 模型與估計

設模型為：$y_{it} = X_{it}\beta + V_{it}, V_{it} = c_i + u_{it}, t = 1, \cdots, T$。

假定 RE1：a. $E(u_{it} \mid X_i, c_i) = 0, t = 1, \cdots, T$；
b. $E(c_i \mid X_i) = E(c_i) = 0$。

這裡 $X'_i = (X_{i1}, X_{i2}, \cdots, X_{iT})$ 且 X_i 中包含有截距項，因此設 $E(c_i) = 0$ 並不失一般性。假定 a 即嚴格外生性假定，保證模型正確設定；假定 b 意味著潛在個體因素 c_i 是與其他解釋變量無關的個體特徵，從而 $E(X'_i c_i) = 0$，所以 $E(X'_{it} V_{it}) = 0$ 成立，這是可以使用隨機效果思路的基礎。

將 $y_{it} = X_{it}\beta + V_{it}$ 按 $t = 1, \cdots, T$ 寫成緊湊的矩陣式：

$$Y_i = \begin{pmatrix} y_{i1} \\ \vdots \\ y_{iT} \end{pmatrix} = \begin{pmatrix} X_{i1} \\ \vdots \\ X_{iT} \end{pmatrix} \beta + \begin{pmatrix} v_{i1} \\ \vdots \\ v_{iT} \end{pmatrix} = X_i \beta + V_i, V_i = c_i J_T + U_i$$

又令 $\Omega = E(V_i V'_i) \ \forall i$。

假定 RE2：秩 $E(X'_i \Omega^{-1} X_i) = K$；進一步，對複合誤差 v_{it} 中的非個體特徵的方差和協方差增加如下信息。

(1) $E(u_{it}^2) = \sigma_u^2$, $t = 1, \cdots, T$ 和 $\forall i$（個體、時間同方差）

(2) $E(u_{it} u_{is}) = 0$, $\forall t \neq s$ （時間不相關）

由以上信息，$E(v_{it}^2) = E(c_i^2) + 2E(c_i u_{it}) + E(u_{it}^2)$，則 $E(v_{it}^2) = \sigma_c^2 + \sigma_u^2$。

同樣，對 $\forall t \neq s, E(v_{it} v_{is}) = E(c_i + u_{it})(c_i + u_{is}) = \sigma_c^2$，因此有更加精確的方差信息：

$$\Omega = E(V_i V_i') = \begin{pmatrix} \sigma_c^2 + \sigma_u^2 & \cdots & \sigma_c^2 \\ \vdots & \ddots & \vdots \\ \sigma_c^2 & \cdots & \sigma_c^2 + \sigma_u^2 \end{pmatrix} = \sigma_u^2 I_T + \sigma_c^2 J_T J_T'$$

稱為隨機效果結構。

這裡干擾方差 Ω 只有兩個未知的特徵參數，一個是關於個體和時間的信息，一個是關於不可觀測潛在因素的信息。於是把(1)和(2)用統一的條件期望的形式表示成：

假定 RE3：a. $E(U_i U_i' \mid X_i, c_i) = \sigma_u^2 I_T$

b. $E(c_i^2 \mid X_i) = \sigma_c^2$

註：假定條件 RE3 比(1)和(2)要求更高，但含義更直觀。

在假定 RE1—3 下，模型滿足聯立式 GLS 方法的一切條件，如果知道 σ_c^2 和 σ_u^2 的一致估計，那麼可得到可行的一致估計 $\widehat{\Omega} = \widehat{\sigma}_u^2 I_T + \widehat{\sigma}_c^2 J_T J_T'$，從而得到比 POLS $\widehat{\beta}$ 更有效的估計：

$$\widehat{\beta}_{RE} = (\sum_{i=1}^{N} X_i' \widehat{\Omega}^{-1} X_i)^{-1} (\sum_{i=1}^{N} X_i' \widehat{\Omega}^{-1} Y_i)。\widehat{\beta}_{RE}$$ 一致且比 POLS $\widehat{\beta}$ 更加有效。其中 σ_c^2 和 σ_u^2 的估計並不複雜，見本章附錄。

6.2.2 關於 RE 的假設檢驗

關於 RE 的假設檢驗，最核心的問題是不可觀測因素 c_i 的影響是否存在？檢驗的命題自然是 $H_0: \sigma_c^2 = 0$。關於 H_0 的檢驗，我們可用誤差項 v_{it} 的一階自迴歸過程，$v_{it} = \rho v_{it-1} + \varepsilon_t$，用檢驗 $H_0: \rho = 0$ 來完成。誤差項數據用殘差代替。如果誤差項 $\widehat{v_{it}}$ 關於 t 檢驗被拒絕，$\rho = 0$ 不成立，則認為隨機效果的影響存在。也可以使用拉格朗日乘子法進行檢驗，這在以前已經非常熟悉，不再重複介紹。

6.3 固定效果方法

固定效果和一階差分都是在 c_i 與 X_{it} 相關條件下進行的處理，且都是設法將 c_i 消去，但是消去的途徑不同。其中固定效果對截面數據用得較多，一階差分對時間數據用得較多。

6.3.1 固定效果的模型與估計

基本模型中 $y_{it} = X_{it}\beta + c_i + u_{it}, t = 1, \cdots, T$，認為不可觀測因素 c_i 與 X_{it} 相關，因此顯然

複合誤差 v_{it} 也必與 X_{it} 中某個解釋變量相關，RE 的觀點不再適用。將 c_i 單列為一個僅與 i 有關的常數，將基本模型把 t 按列排成矩陣形式：

$Y_i = X_i\beta + c_i J_T + U_i$，其中 J_T 是 $T \times 1$ 的每個元素為 1 的向量。

為消除不可觀測的個體水準因素 c_i，FE 模型對 t 求和，並求平均。即：

$$\bar{y}_i = X_i\beta + c_i J_T + U_i, \bar{X}_i = \frac{1}{T}\sum_{t=1}^{T} X_{it}, \bar{u}_i = \frac{1}{T}\sum_{t=1}^{T} u_{it}$$

於是有 $\bar{Y}_i = \bar{X}_i\beta + c_i + \bar{U}_i, \therefore y_{it} - \bar{y}_i = (X_{it} - \bar{X}_i)\beta + U_{it} - \bar{U}_i, \forall t$。

數據重新處理，記 $\ddot{y}_{it} = y_{it} - \bar{y}_i$，$\ddot{X}_{it} = X_{it} - \bar{X}_i$，$\ddot{u}_{it} = U_{it} - \bar{U}_i$。

則 $\ddot{y}_{it} = \ddot{X}_{it}\beta + \ddot{u}_{it}$，得到去時間平均模型。這就又回到聯立的面板數據模型 PD。可用 POLS 方法的條件應當是 $E(\ddot{X}_{it}{}' \ddot{u}_{it}) = 0$ 和秩 $E(\ddot{X}_{it}{}' \ddot{X}_{it}) = K$，於是可以推出 FE 的條件是：

假定 FE1：$E(u_{it} \mid X_i, c_i) = 0, t = 1, \cdots, T$；

FE2：秩 $E(\ddot{X}_{it}{}' \ddot{X}_{it}) = K$。

在以上兩個假設的條件下，可以得到 $\widehat{\beta}_{FE} = (\ddot{X}'\ddot{X})^{-1}(\ddot{X}'Y)$。具體推導過程見本章附錄。

再加上 FE3：$E(U_i U_i' \mid X_i, c_i) = \sigma_u^2 I_T, \forall i$，可使得假設檢驗更加方便。

6.3.2 固定效果模型的假設檢驗

在固定效果 FE1—3 條件成立的前提下，未知參數 β 有 Q 個限制的整體性檢驗，可以直接用 F 統計量的殘差形式：

$$F = \frac{SSR_r - SSR_{ur}}{SSR_{ur}} \frac{[N(T-1) - K]}{Q}$$

當 FE3 不成立，例如 u_{it} 存在時間序列相關性，F 檢驗就不再適用，但仍有漸近方差估計 $AVar(\widehat{\beta}_{FE}) = (\ddot{X}'\ddot{X})^{-1}(\sum_{i=1}^{N} \ddot{X}_i' \widehat{U}_i' \ddot{X}_i)(\ddot{X}'\ddot{X})^{-1}$，可以改用 Wald 檢驗。

6.4 一階差分方法

6.4.1 一階差分的模型與估計

基本模型 $y_{it} = X_{it}\beta + c_i + U_{it}, t = 2, \cdots, T$，不變。但關於 t 做差分變換也可消除 c_i 的影響，得 $\Delta y_{it} = \Delta X_{it}\beta + \Delta u_{it}, t = 2, \cdots, T$。與 FE 方法比較，一階差分(FD)區別僅在於失去了一個 $t = 1$ 的樣本。

類似於 FE 方法，一階差分方法的假定條件是：

假定 FD1：$E(\Delta X_{it}' \Delta u_{it}) = 0, t = 2, \cdots, T$。此意味著 X_{is} 與 U_{it} 對一切 s, t 是不相關的；

FD2：秩 $\sum_{t=2}^{T} E(\Delta X_{it}' \Delta X_{it}) = K$（比條件秩 $E(\Delta X_{it}' \Delta X_{it}) = K$ 要弱）；

FD3：$E(\Delta U_i \Delta U_i' \mid X_i, c_i) = \sigma_e^2 I_{T-1}$（類似同方差假定）。

將 $t = 2, \cdots, T$ 按列寫成矩陣式：$\Delta Y_i = \Delta X_i \beta + \Delta U_i$。其中誤差項的差分 ΔU_i 意味著 $U_{it} = U_{it-1} + e_{it}$ 是一個隨機遊走，這是一種特殊的序列相關。具體的討論在時間序列教材中進行。

由 POLS 可得，$\widehat{\beta}_{FD} = (\Delta X' \Delta X)^{-1}(\Delta X' \Delta Y)$ 和 $\text{Avar}(\widehat{\beta}_{FD}) = \sigma_e^2 (\Delta X' \Delta X)^{-1}$。且由 $\widehat{e}_{it} = \Delta y_{it} - \Delta X_{it} \widehat{\beta}_{FD}$，得 σ_e^2 的一致估計為：$\widehat{\sigma}_e^2 = \sum_{i=1}^{N} \sum_{t=2}^{T} \widehat{e}_{it}^2 / [N(T-1) - K]$。又當 FD3 不成立，則穩健的異方差矩陣估計為：

$$\text{Avar}(\widehat{\beta}_{FD}) = (\Delta X' \Delta X)^{-1} (\sum_{i=1}^{N} \Delta X_i \widehat{e}_i \widehat{e}_i' \Delta X_i)(\Delta X' \Delta X)^{-1}$$

6.4.2　一階差分模型的假設檢驗

欲檢驗條件 FD3 是否成立，即檢驗誤差 $e_{it} = \Delta u_{it}$ 的序列相關性，代替轉向檢驗殘差 $\widehat{e}_{it}$ 的序列相關性，$\widehat{e}_{it} = \widehat{\rho}_1 \widehat{e}_{it-1} + \text{error}_{it}, t = 3, \cdots, T, i = 1, \cdots, N$。$H_0: \widehat{\rho}_1 = 0$，不能拒絕 H_0 則 FD3 成立；拒絕 H_0，則方差要採用穩健的異方差矩陣。

需要注意採用一階差分法的理由是，雖然當 u_{it} 不存在序列相關時，FE 方法更有效，但是當 u_{it} 服從一個隨機遊走時，則 FD 方法更有效。實際的情況往往介乎兩者之間，即 $u_{it} = \rho u_{it-1} + e_{it}$，有 $\rho \neq 0 \wedge \rho \neq 1$。如果已知更多關於 Ω 的信息，我們也可採用 FGLS 的方法提高有效性。

此外，一階差分法對評估政策效果和進行政策分析來說更方便。例如本章開始提到的評價職業培訓效果的例子。我們在略去解釋變量 Z_{it} 的條件下，如果對評價模型 $y_{it} = \theta_1 + \theta_2 d_{2t} + \delta_1 \text{prog}_{it} + c_i + u_{it}$ 採用一階差分法，可得結果：$\widehat{\theta}_2 = \overline{\Delta y}_{\text{contr}}, \widehat{\delta}_1 = \overline{\Delta y}_{\text{treat}} - \overline{\Delta y}_{\text{contr}}$。結果非常直觀，$\widehat{\theta}_2$ 是控制組的差分平均，它反應第二期的平均水準，$\widehat{\delta}_1$ 則是處理組的差分平均減去控制組的差分平均，它才反應了第二期參加培訓的真實效應。

6.5　隨機效果、固定效果和一階差分的比較

6.5.1　固定效果和一階差分的比較

對相同的數據既用 FE 又用 FD，比較兩種方法得出的結果，如果 $\widehat{\beta}_{FE}$ 與 $\widehat{\beta}_{FD}$ 相差很大，那麼有理由懷疑嚴格外生性假定不成立。因為任何內生性問題都會產生 X_{it} 與 u_{it} 現時的相關性，導致 FD 和 FE 方法的不一致以及產生不同的概率極限。此外，u_{it} 與 X_{is} 的相關性也會引致 FD 和 FE 估計的不同。嚴格外生性假定不成立，那就只能採取工具變量法去應對內生性。

我們可以採用豪斯曼檢驗，原假設 $H_0: \widehat{\beta}_{FE} - \widehat{\beta}_{FD} = 0$，來驗證嚴格外生性條件是否成

立。$H = (\hat{\beta}_{FE} - \hat{\beta}_{FD})' [V(\hat{\beta}_{FE}) - V(\hat{\beta}_{FD})]^{-1} (\hat{\beta}_{FE} - \hat{\beta}_{FD}) \sim \chi^2_K$。拒絕表示嚴格外生性假定不成立,但更方便的基於迴歸的檢驗方法是:

對 FD 而言:$\Delta Y_t = \Delta X_t \beta + W_t \gamma + \Delta U_t, t = 2, \cdots, T$。其中 W_t 是 X_t 的部分(不包括對時間的虛擬變量),$X_t = (X_{1t}, X_{2t})$,$W_t = X_{2t}(K_2$ 列$)$。檢驗 $H_0 : \gamma = 0$。FD1—3 成立用 F 統計量;FD3 不成立用 Wald 統計量或 LM 統計量。不能拒絕 H_0 表示嚴格外生假定成立,$\hat{\beta}_{FD}$ 和 $\hat{\beta}_{FE}$ 是一致的。

也可對 FE 做檢驗:$y_{it} = X_{it} \beta + W_{it+1} \delta + c_i + u_{it}, t = 1, \cdots, T$。同樣,$W_{it+1}$ 是 X_{it+1} 的子集。在嚴格外生性假定成立下,有 $\delta = 0$。做檢驗 $H_0 : \delta = 0$。不能拒絕 H_0 表示嚴格外生性成立。

需要注意的是,如果沒有通過嚴格外生性假定,FE 和 FD 都有可能是不一致的。這種情況下,簡單的 FE 或 RE 都不能使用。需要對懷疑的部分引入工具變量,並用面板數據的 2SLS 或 GMM 方法,後面將予以介紹。

6.5.2 隨機效果和固定效果的比較

模型究竟採用 RE 還是 FE,關鍵是 c_i 與 X_{it} 是否相關。如果不可觀測變量 c_i 與 X_{it} 是不相關的,即 $\text{cov}(c_i X_{it}) = 0$,那麼隨機效果估計就應當比固定效果估計有更小的方差。問題是 c_i 不可觀測無法檢驗。因此,我們需要把隨機效果進行適當的變換,以便同固定效果進行比較。變換過程見本章附錄,隨機效果變換後有:

$$y_{it} - \lambda \bar{y}_{it} = (X_{it} - \lambda \bar{X}_{it}) \beta + (v_{it} - \lambda \bar{v}_{it})$$

在 RE3 成立的條件下,用 POLS 可得 σ^2_c 和 σ^2_u 的一致估計,從而可得 λ 的一致估計 $\hat{\lambda}$。再對 $\tilde{y}_{it}$ on $\tilde{x}_{it}$ 做 POLS,可得:

$$\hat{\beta}_{FE} = (\sum_{i=1}^{N} \sum_{t=1}^{T} \tilde{X}_{it}' \tilde{X}_{it})^{-1} (\sum_{i=1}^{N} \sum_{t=1}^{T} \tilde{X}_{it}' y_{it})$$

上式稱為擬去時間平均,可以看出,$\hat{\lambda} = 1 - \left(\dfrac{\hat{\sigma}^2_u}{\hat{\sigma}^2_u + T \hat{\sigma}^2_c}\right)^{\frac{1}{2}} = 1 - \left(1/1 + T \dfrac{\hat{\sigma}^2_c}{\hat{\sigma}^2_u}\right)^{\frac{1}{2}}$。

∴ $T \to \infty$ 或 $\hat{\sigma}^2_c / \hat{\sigma}^2_u \to \infty$,隨機效果就回到了固定效果。所以 T 很大,特別是潛在因素 c_i 在模型的誤差項中占主導地位,表現為 $\hat{\sigma}^2_c \gg \hat{\sigma}^2_u$,那麼即使 T 很小,FE 和 RE 也沒有很大區別。本章附錄將進一步證明,在 RE1—3 成立的時候,隨機效果估計有比固定效果估計更小的方差。

為嚴格檢驗 RE 和 FE 的效果,往往採用如下的 Hausman 檢驗。設 X_{it} 是只包含時間變化的解釋變量,共有 M 個。$H_0 : \beta_{FE} - \beta_{FD} = 0$。用 Hausman 統計量:

$$H = (\hat{\beta}_{FE} - \hat{\beta}_{RE})' [\text{Avar}(\hat{\beta}_{FE}) - \text{Avar}(\hat{\beta}_{RE})]^{-1} (\hat{\beta}_{FE} - \hat{\beta}_{RE})$$

拒絕 H_0,意味著兩個估計有顯著差異,即認為潛在變量 c_i 與 X_{it} 某些解釋變量是相關的,應當採用固定效果方法。需要注意的是,$\text{Avar}(\hat{\beta}_{FE})$ 和 $\text{Avar}(\hat{\beta}_{RE})$ 中的未知方差 $\hat{\sigma}^2_u$,要用統一的一致估計 $\hat{\sigma}^2_u$。

也可以使用基於迴歸的 F 檢驗:

計量經濟學

$$\widetilde{y}_{it} = \widetilde{X}_{it}\beta + \breve{W}_{it}\xi + \text{error}_{it}, t = 1,\cdots,T, i = 1,\cdots,N$$

其中 $\widetilde{y}_{it}$ 和 $\widetilde{X}_{it}$ 是擬去時間的平均，λ 用 $\hat{\lambda}$ 代替，W_{it} 是 X_{it} 中隨時間變化的子集。設有 M 個，$\breve{W}_{it}$ 是去時間平均，那麼 $H_0:\xi = 0$。得到：

$$F = \frac{\text{SSR}_r - \text{SSR}_{ur}}{\text{SSR}_{ur}} \frac{[N(T-1)-M]}{M} \sim F(M, NT-K-M)$$

接受 H_0，意味著 RE1—3 成立，採用隨機效果；拒絕 H_0，採用固定效果。

注意：可能出現這種情況，$\hat{\beta}_{FE}$ 與 $\hat{\beta}_{RE}$ 相差很大，但它們的方差也相差很大，使得 F 統計量很小，導致不能拒絕 H_0 而採用隨機效果模型。而實際上，我們可能犯了第二類錯誤，X_{it} 與 c_i 相關，H_0 假，但我們不能拒絕 H_0，所以採用固定效果比較穩健。特別樣本容量比較大時，建議採用固定效果。檢驗總是有缺陷的。

6.6 其他專題

本節介紹一些嚴格外生性條件不成立的模型和一些具有更多個體特徵的面板數據模型。它們是面板模型的深入，擴大了模型的應用範圍，有廣泛的實際背景。在嚴格外生假定不成立時，簡單運用 RE、FE 或 FD 就不行了。從方法的角度看，就是要把各種異質性與內生性結合在一起處理，這當然加大了處理問題的難度。

6.6.1 一些嚴格外生性條件不成立的模型

在基本模型 $y_{it} = X_{it}\beta + c_i + U_{it}$ 中，把嚴格外生假定 $E(u_{it} | X_{i1},\cdots,X_{iT},c_i) = 0$ 改成 $E(u_{it} | X_{it}, X_{it-1},\cdots,X_{i1},c_i) = 0, t = 1,\cdots,T$，即 u_{it} 與 X_{it} 的過去是嚴格外生的，而對將來的 $X_{is}, s > t$ 則不做限制。我們稱 X_{it} 與不可觀測因素 c_i 有序列式條件外生性效應(sequentially exogenous conditional on the unobserved effect)。

舉例說明：$y_{it} = Z_{it}\gamma + W_{it}\delta + c_i + u_{it}, t = 1,\cdots,T$。這裡把解釋變量分成兩部分，$Z_{it}$ 是嚴格外生的，而 W_{it} 是序列式條件外生的。因此有 $E(U_{it} | Z_{i1},\cdots,Z_{iT},W_{it},W_{it-1},\cdots,W_{i1},c_i) = 0$。這種既有嚴格外生，又有序列式外生的面板模型，典型模型是 W_{it} 中含有因變量 y_{it} 的時間滯後項。傳統觀點常把此類模型作為分佈滯後模型，如 $w_{it} = Z_{it}\xi + \rho_1 y_{it-1} + \psi c_i + r_{it}$。由於 $\rho_1 \neq 0$，則 $E(W_{it+1} u_{it}) = \rho_1 E(y_{it} u_{it}) = \rho_1 E(u_{it}^2) > 0$，故嚴格外生條件不成立，但 W_{it} 滿足序列式外生的條件。可以這樣理解，序列式條件外生性就是有些解釋變量未來對現在的影響存在不確定性。

可以證明，當 $\rho_1 \neq 0$ 時，由於不可觀測因素 c_i 存在，y_{it-1} 與 c_i 相關，採用固定效果 FE 或一階差分 FD 變換後得到的估計 $\hat{\beta}_{FE}$ 和 $\hat{\beta}_{FD}$ 都是不一致的，但區別是當 $T \to \infty$，$\hat{\beta}_{FE}$ 仍有一致性，而 $\hat{\beta}_{FD}$ 卻沒有。因此當 T 充分大時，選擇 FE 方法更加穩健。

另一種嚴格外生條件不成立的背景是 W_{it} 與 u_{it} 相關，稱為現時相關的面板數據模型。

這種現時相關性與前述的內生性的討論是一致的，即 W_{it} 中隱含了一個重要的與時間相關的解釋變量或 W_{it} 中某些變量存在典型測量誤差，以及 y_{it} 與 W_{it} 中某個或某些變量存在聯立性。同樣可以證明，現時相關性和不可觀測因素 c_i 的存在，導致 FE 和 FD 變換得到的估計是有偏不一致的。

如何解決內生性問題，我們當然可以回到前面章節的思路，通過引入工具變量消除非嚴格外生性，但尋求工具變量並不是一件容易的事，這也失去了面板數據模型的意義。事實上，面板數據可以用自身數據在時間上的差異，在不同假定條件下，選擇不同時間的數據作為其工具變量，然後再採用 P2SLS 方法，得到模型的一致估計。或者再用 GMM 方法進一步提高有效性。這裡面要討論的細節問題很多，也很複雜，詳細討論可以參考其他專門介紹面板數據的教材，本節僅給出一些簡單說明。

具體地，對模型：$y_{it} = Z_{it}\gamma + W_{it}\delta + c_i + u_{it}, t = 1, \cdots, T$。

首先，用 FD 或 FE 變換消除不可觀測因素的影響，如用差分 FD 變換得：

$$\Delta y_{it} = \Delta Z_{it}\gamma + \delta W_{it} + \Delta u_{it} = \Delta X_{it}\beta + \Delta u_{it}, t = 2, \cdots, T, i = 1, \cdots, N$$

其次，在不同的假設條件下，選擇不同的工具變量，解決解釋變量與誤差項相關的內生性問題。這些工具變量的選擇充分利用了系統本身已有的條件。

例如，在 X_{it} 有序列式外生條件下，將 $t = 2, \cdots, T$ 排成列，把分開式 $\Delta y_{it} = \Delta X_{it}\beta + \Delta u_{it}$ 寫成矩陣緊湊式 $\Delta Y_i = \Delta X_i \beta + \Delta U_i$。

對差分形式的 PD 模型，由於存在內生性，選取的工具變量矩陣為：

$$Z_i = \begin{pmatrix} X_{i1}^0 & 0 & 0 & \cdots & 0 \\ 0 & X_{i2}^0 & 0 & \cdots & 0 \\ 0 & 0 & X_{i3}^0 & \cdots & 0 \\ \vdots & \vdots & \vdots & \ddots & \vdots \\ 0 & 0 & 0 & \cdots & X_{iT-1}^0 \end{pmatrix}$$，其中 $X_{it}^0 = (X_{i1}, X_{i2}, \cdots, X_{i3})$ 表示所有到 t 時刻的過

去和現時的數據。當然也可以選擇差分 ΔX_{it} 的滯後項 $\Delta X_{it-1}, \Delta X_{it-2}$ 等作為工具變量。這些工具變量都保證是與不可觀測因素不相關的。

然後，選擇 Pooled 2SLS 或聯立模型的 GMM 方法。統計檢驗則需要一些更細緻的假設條件。

又在 FE 和 FD 變換中，常採用固定效果 FE 的變換。理由是，它對各種非嚴格外生性條件都適用，並且幾乎可以不加條件地照搬原來的檢驗方法。

例如，我們研究吸菸對收入的影響。模型：$\ln(wage_{it}) = Z_{it}\gamma + \delta_1 cigs_{it} + c_i + u_{it}$。認為 $cigs_{it}$ 與 u_{it} 是現時相關的，理由是收入會影響吸菸，產生聯立性。如果我們關心的不是後者，那麼我們必須找到 $cigs_{it}$ 的一些工具變量。如果認為 Z_{it} 是嚴格外生的，那麼可以用上述 Z_{it} 中不同的其他時間 s 作為有效的工具變量。如果認為過去 $s < t, cigs_{it}$ 與 u_{it} 是不相關的，則 Z_{it} 中包括過去的滯後變量 $cigs_{it-1}, cigs_{it-2}$ 作為工具可能是有效的。此意味 $cigs_{it}$ 與 $\ln(wage_{it})$ 只有現時的相關性，但對本問題而言，有些不合理。又如果利用 $\ln(wage_{it})$ 的滯後作為工具，那麼 u_{it} 就必須是序列不相關的。又本問題僅依靠 Z_{it} 作為工具也不合適，因為 $\Delta cigs_{it}$ 與 Z_i 而不是 ΔZ_{it} 的某些線性組合相關，而這種可能性很小的偏相關性會

導致很差的工具變量性質。穩妥的辦法是，找到不在模型中出現但卻影響吸菸的外生變量作為工具，如當地香菸的價格或香菸稅水準，可以認為它們是嚴格外生的。

可見，面板數據處理內生性也不是處處有效的，有些內生性問題是本質屬性，無法避免。

在基本模型 $y_{it} = X_{it}\beta + c_i + u_{it}$ 中，還可以加入更多的下標特徵。例如擴展基本模型為 $y_{it} = c_i + g_i t + X_{it}\beta + u_{it}$，稱為隨機趨勢模型，也稱隨機增長模型。其中 g_i 被認為是不同個體隨時間的增長率。

擴大嚴格外生性條件為 $E(u_{it} \mid X_{it}, X_{it-1}, \cdots, X_{i1}, c_i, g_i) = 0$，做差分變換消除 c_i，得 $\Delta y_{it} = g_i + \Delta X_{it}\beta + u_{it}, t = 2, \cdots, T$。$\therefore E(\Delta u_{it} \mid g_i, X_{i2}, \cdots, \Delta X_{iT}) = 0$。於是我們可接著用 FE 或 FD 方法（當 $T \geq 3$）消除趨勢項，得到一致估計 $\widehat{\beta}$。特別當誤差 u_{it} 存在序列相關性時，採用 FD 方法，即二階差分 $\Delta^2 y_{it} = \Delta^2 X_{it}\beta + \Delta^2 u_{it}$ 更加穩健。

一般地，具有更多個體特徵的面板數據模型為：$y_{it} = Z_{it}\alpha + X_{it}\beta + u_{it}, t = 1, \cdots, T$。其中 $Z_{it}(t$ 固定$)$ 是 $1 \times J$ 的，α_i 是 $J \times 1$ 的，稱為個體不可觀測的異質性向量。特別當 $Z_{it} = 1$ 就是基本模型，當 $Z_{it} = (1, t)$ 就是隨機趨勢模型。引入更多時間常數的不可觀測的個體特徵後，我們除了關注 β，當然也關注 α_i，但當 T 很小時，我們無法得到 α_i 好的估計（因為無法得到個體 i 的太多時間樣本），轉而考慮平均效應估計 $\widehat{\alpha} = E\alpha_i$。具體做法是：

(1) 將 $y_{it} = Z_{it}\alpha + X_{it}\beta + u_{it}$，按 $t = 1, \cdots, T$ 排成列，得緊湊式為：$Y_i = Z_i\alpha_i + X_i\beta + U_i$。

(2) 定義投影矩陣 $M_i = I_T - Z_i(Z_i'Z_i)^{-1}Z_i'$，則 $M_i Z_i = 0$。用 M_i 乘方程兩邊消去 Z_i 得 $M_i Y_i = M_i X_i\beta + M_i U_i$，記成 $\ddot{Y}_i = \ddot{X}_i\beta + \ddot{U}_i$。又在秩 $E(\ddot{X}'\ddot{X}) = K$ 假定下做 OLS，得 $\widehat{\beta}_{FE}$ 是 β 的一致估計。

(3) 假定 $E(U_i U_i' \mid Z_i, X_i, \alpha_i) = \sigma_u^2 I_T$，又知秩 $M_i = tr M_i = T - J$，因此：

$$\sum_{t=1}^{T} E(\ddot{u}_{it}^2) = E(\ddot{U}_i' \ddot{U}_i) = E[E(U_i' M_i U_i \mid Z_i, X_i)] = E[trE(U_i' U_i M_i \mid Z_i, X_i)]$$
$$= E\{[trE(U_i' U_i \mid Z_i, X_i) M_i]\} = (T - J)\sigma_u^2$$

再用 $\widehat{\ddot{u}}_{it} = \ddot{y}_{it} - \ddot{X}_{it}\widehat{\beta}_{FE}$ 代替 $\ddot{u}_{it}$，可得 σ_u^2 的一致估計。再考慮無偏性，得到 σ_u^2 的無偏一致估計為 $\widehat{\sigma}_u^2 = [N(T - J) - K]^{-1} \sum_{i=1}^{N} \sum_{t=1}^{T} \widehat{\ddot{u}}_{it}^2 = SSR_{FE}/[N(T - J) - K]$。

(4) $\because \alpha_i = (Z_i' Z_i)^{-1} Z_i'(Y_i - X_i\beta) - (Z_i' Z_i)^{-1} Z_i' U_i$，由 $E(U_i \mid Z_i) = 0$，取期望

$\therefore \alpha = E\alpha_i = E(Z_i' Z_i)^{-1} Z_i'(Y_i - X_i\beta)$

$\therefore \widehat{\alpha} = \dfrac{1}{N} \sum_{i=1}^{N} \{(Z_i' Z_i)^{-1} Z_i'(Y_i - X_i\widehat{\beta}_{FE})\}$

記 $\widehat{s}_i = (Z_i' Z_i)^{-1} Z_i'(Y_i - X_i\widehat{\beta}_{FE})$，$\widehat{C} = \dfrac{1}{N}\sum_{i=1}^{N}(Z_i' Z_i)^{-1} Z_i' X_i$，$\widehat{A} = \dfrac{1}{N}\sum_{i=1}^{N} \ddot{X}_i' \ddot{X}_i$；$\widehat{U}_i = (\ddot{Y}_i - \ddot{X}_i\widehat{\beta}_{FE})$，可以證明 $\sqrt{N}(\widehat{\alpha} - \alpha)$ 的漸近方差為：

$$\dfrac{1}{N}\sum_{i=1}^{N}[(\widehat{s}_i - \widehat{\alpha}) - \widehat{C}\widehat{A}^{-1}\ddot{X}_i'\widehat{U}_i][(\widehat{s}_i - \widehat{\alpha}) - \widehat{C}\widehat{A}^{-1}\ddot{X}_i'\widehat{U}_i]'$$

註：更有效的同時給出 β 和 α_i 的估計方法涉及非線性工具變量，計算麻煩，不再贅述。

6.6.2 豪斯曼-泰勒模型

有時我們更關注的是那些可觀測的相對時間而言不變的解釋變量，如性別、血型、行業的類型等。這些變量不隨時間變化而變化。然而，我們又認為它們與不可觀測因素 c_i 相關，從而造成內生性，因此，前述的隨機效果方法結果不一致，而固定效果或一階差分方法又會消除我們所關注的解釋變量，所以這三種方法都不適用。豪斯曼-泰勒（H-T）提出了一個一般形式的可同時處理隨時間變化和不隨時間變化的又有內生性的兩類解釋變量的面板數據模型。模型如下：

$$y_{it} = Z_i\gamma + X_{it}\beta + c_i + u_{it}, t = 1, \cdots, T$$

其中 Z_i 是可觀測時間常數的解釋變量，滿足條件 $E(u_{it} \mid Z_i, X_{i1}, X_{i2}, \cdots, X_{iT}, c_i) = 0$。

於是，我們可以按前述的方法採用 FE 變換消除 $Z_{it}\gamma$ 和 c_i，並獲得一致估計 $\hat{\beta}_{FE}$。關鍵問題是如何估計 γ？

若再加上假定條件 $E(Z_i' c_i) = 0$，$(c_i$ 與 Z_i 不相關$)$ 和 $E(Z_i' Z_i) = 0$ 非奇異。

那麼 $E(Z_i'(c_i + \ddot{U}_i)) = 0$，其中 $\ddot{U}_i$ 為去時間平均。所以有 $E(Z_i' Z_i)\gamma = E[Z_i'(\bar{Y}_i - \bar{X}_i\beta)]$，$\therefore \gamma = [E(Z_i' Z_i)]^{-1} E[Z_i'(\bar{Y}_i - \bar{X}_i\beta)]$。由大數律，$\hat{\gamma} = (\frac{1}{N}\sum_{i=1}^{N}(Z_i'Z_i))^{-1} [\frac{1}{N}\sum_{i=1}^{N} Z_i'(\bar{Y}_i - \bar{X}_i\hat{\beta}_{FE})]$ 是 γ 的一致估計。

進一步，考慮不含時解釋變量 Z_i 和含時的解釋變量 X_{it} 有嚴格外生性條件成立和不成立兩部分組成的情形：

設 $Z_i = (Z_{i1}, Z_{i2})$，且 Z_{i1} 是 $1\times J_1$，Z_{i2} 是 $1\times J_2$ 的，即 Z 中有 J_2 個內生性變量；

$X_{it} = (X_{it1}, X_{it2})$，且 X_{it1} 是 $1\times K_1$，X_{it2} 是 $1\times K_2$ 的，即 X 中有 K_2 個內生性變量。

又假定：$E(Z_{i1}' c_i) = 0$ 且 $E(X_{it1}' c_i) = 0$。即 $\forall t$，Z_i 和 X_{it} 的第一部分與 c_i 是不相關的。仍假定：$E(u_{it} \mid Z_i, X_{1t}, \cdots, X_{iT}, c_i) = 0, t = 1, \cdots, T$。所以 Z_i 和 X_{is} 與 u_{it} 對 $\forall t$ 和 s 是不相關的。

將 H-T 模型按 $t = 1, \cdots, T$ 排成列寫成：$Y_i = Z_i\gamma + X_i\beta + V_i, V_i = c_i J_T + U_i$，且設有隨機效果結構。令 $Q_T = I_T - J_T(J_T^{'}J_T)^{-1} J_T'$ 是去時間平均矩陣，則 $Q_T V_i = Q_T U_i$。所以，$E(Q_T X'_i) V_i = E(X_i' Q_T V_i) = E(X_i' Q_T U_i) = E(X_i' \ddot{U}_i) = 0$。

$\therefore Q_T X_i$ 是 $T\times K$ 的矩陣，可作為模型 $Y_i = Z_i\gamma + X_i\beta + V_i$ 的工具變量矩陣。如果手頭沒有其他的工具變量集，那麼我們只能回到原來的固定效果模型，用 $Q_T Z_i = Q_T J_T Z_i = 0$ 消除時間常數解釋變量 Z_i 項，而不能夠估計 γ。

但由假設條件知，Z_i 和 X_{it} 的第一部分與 c_i 是不相關的，故 $E(Z_{i1}' V_{it}) = 0$，$\forall t$。又 $X_{i1}^0 = (X_{i11}, \cdots, X_{iT1})$ 是 $1\times TK_1$ 的，也滿足 $E(X_{i1}' V_{it}) = 0$，即 Z_{i1} 和 X_{i1}^0 與 v_{it} 是不相關的。因此，矩陣 $[Q_T X_i, J_T \otimes (Z_{i1}, X_{i1}^0)]$ 是 $T\times(K + J_1 + TK_1)$ 的，可作為 H-T 模型的工具變量矩陣。由可識別的階條件，要求 $K + J_1 + TK_1 \geq J + K$，即 $TK_1 \geq J_2$。所以模型中 X_{i1}^0 必須要

有足夠多到大於 Z_{i2} 中的變量個數作為 Z_{i2} 的工具變量。當 T 很大時,這是沒有問題的,但這又帶來了過度識別的問題。$\ddot{X}_{it}$ 作為 X_{it} 的工具變量,Z_{i1} 作為自身的工具變量,從而,我們可以用 P2SLS 方法來同時估計 γ 和 β。進一步,用 GMM 或 3SLS 方法提高估計的有效性。

特別是當 $\Omega = E V_i V_i'$ 有隨機效果結構,則可以用所謂廣義工具變量估計得到有效的 GMM 估計。步驟簡述如下:

(1) 用工具變量 $(\ddot{X}_{it}, Z_{i1}, X_{i1}^0)$,對 $Y_i = Z_i\gamma + X_i\beta + V_i$ 做 P2SLS,並得 P2SLS 殘差,記為 $\widehat{\widehat{V}_{it}}$;

(2) 再用隨機效果方法,得到 $\widehat{\sigma_c^2}$ 和 $\widehat{\sigma_u^2}$,接著求得擬去時間平均值 $\widehat{\lambda}$。

(3) 再對所有 Y_i,Z_i,X_i 和工具變量 $(\ddot{X}_{it}, Z_{i1}, X_{i1}^0)$ 做擬去時間平均變換。

(4) 再用 P2SLS 方法,得到所要的估計 $\widehat{\gamma}$ 和 $\widehat{\beta}$。如果 $K_1 \geq J_2$,即隨時間變化的解釋變量的第一部分大於時間常數解釋變量的第二部分。那麼我們可用去時間平均 $\bar{X}_{i1}$ 代替 X_{i1}^0 作為 Z_{i2} 的工具變量,即用 $(\ddot{X}_{it}, Z_{i1}, \bar{X}_{i1})$ 作為 H-T 模型的工具變量,則可減少過多的工具變量。因為 X_{i1}^0 中冗餘的工具變量導致 Z_{i2} 與 X_{i1}^0 的偏相關性,會降低估計的有效性。

此外,除從模型本身尋求工具變量之外,還可以從系統外尋找工具變量,這樣更穩妥。例如,X_{it2} 中某解釋變量與 y_{it} 是聯立的,那麼,我們就可用其他方程中出現的外生變量作為該解釋變量的工具。

註:H-T 模型最能體現面板模型的特點,有相當的靈活性,應用廣泛,需要在實踐中不斷打磨才能提高。記住,能簡單就不要複雜。

最後簡單介紹下串樣本(cluster samples)模型。

模型仍為 $y_{is} = X_{is}\beta + c_i + u_{is}$,不過下標 i 不再表示是一個個體,而是一群或一串個體。下標 s 表示的是在第 i 串中的第 s 個個體。通常,不同的串有不同的個體數。因此,對每一串 i,模型可寫成 $y_i = X_i\beta + c_i J_{G_i} + U_i, i = 1, \cdots, N$。其中 G_i 是第 i 串中樣本的個數。

為使用面板數據的方法,我們假定串 N 足夠大,且每串內樣本是相互獨立的,而串與串之間則不是獨立同分佈的。於是,只要假定 c_i 與 $X_{is}, s = 1, \cdots, G_i$ 是不相關的,則 $V_i = c_i J_{G_i} + U_i$ 就有隨機效果結構,我們就可用 POLS 方法。類似於隨機效果方法,只不過 V_i 是 $G_i \times 1$ 向量,且方差矩陣是一個準對角陣。固定效果方法也可用於串樣本模型。只要對每串分別做去時間平均,可消除 c_i,並可得 $\widehat{\beta}_{FE}$ 和 $\widehat{\sigma_u^2} = SSR / \Big(\sum_{i=1}^{N} (G_i - 1) - K \Big)$。

此外,如果不可觀測因素同某些解釋變量有相互作用,導致內生性,也可用前述的 2SLS 或 GMM 方法處理,不再贅述。

本章附錄

1. RE 中的 σ_c^2 和 σ_u^2 估計

由 $E(v_{it}^2) = \sigma_c^2 + \sigma_u^2 = \sigma_v^2, \forall i,t$。設 $\hat{\hat{\beta}}$ 是 β 的 POLS 估計,即 $\hat{\hat{\beta}} = (\sum_{i=1}^{N} X_i'X_i)^{-1}(\sum_{i=1}^{N} X_i'Y_i)$,由條件知,$\hat{\hat{\beta}}$ 是一致的,從而可得殘差 $\hat{\hat{v}} = y_{it} - X_{it}\hat{\hat{\beta}} \forall i,t$。由大數律,$\hat{\sigma}_v^2 = \frac{1}{NT}\sum_{i=1}^{N}\sum_{t=1}^{T}\hat{\hat{v}}_{it}$ $\xrightarrow{P} \sigma_v^2$。為保證有限樣本的無偏性,修正為(減去 K 個自由度) $\hat{\sigma}_v^2 = \frac{1}{NT-K}\sum_{i=1}^{N}\sum_{t=1}^{T}\hat{\hat{v}}_{it}$ $\xrightarrow{P} \sigma_v^2$。

又由 $E(v_{it}v_{is}) = \sigma_c^2$,$\therefore \sum_{t=1}^{T-1}\sum_{s=t+1}^{T} E(v_{it}v_{is}) = \sum_{t=1}^{T-1}\sum_{s=t+1}^{T} \sigma_c^2 = \frac{T(T-1)}{2}\sigma_c^2$。再減去 K 個自由度,得到 σ_c^2 的一致估計為 $\hat{\sigma}_c^2 = \frac{1}{N\frac{T(T-1)}{2} - K}\sum_{i=1}^{N}\sum_{s=t+1}^{T}\hat{\hat{v}}_{it}\hat{\hat{v}}_{is}$,並由此得到 $\hat{\sigma}_u^2 = \hat{\sigma}_v^2 - \hat{\sigma}_c^2$。

註:(1) $\hat{\sigma}_c^2$ 有可能為負值,這可能是誤差 u_{it} 中關於 t 存在負時間序列相關性。此意味著 RE3(a) 不成立,需要選擇更一般的對 Ω 估計做 FGLS,如 $\hat{\Omega} = \frac{1}{N}\sum_{i=1}^{N}\hat{V}_i\hat{V}_i'$。但當 N 不是充分大的時候,由於 $\hat{\Omega}$ 有 $\frac{T(T+1)}{2}$ 個被估參數,所以 V_i 有限樣本的性質很差,而當 RE1—3 成立時,對任意 T 只要估計兩個方差參數,就體現了面板數據的優勢。

(2) 當 RE3 不成立時,則 Ω 就沒有隨機效果結構。若沒有其他信息提供幫助,一般只能改用 $\hat{\Omega} = \frac{1}{N}\sum_{i=1}^{N}\hat{V}_i\hat{V}_i'$,其中 $\hat{V}_i$ 是 POLS 估計的殘差,再採用聯立式的 FGLS 方法,這就失去了面板數據運用的特色。特別地,儘管 RE3 不成立,但如果 $\{u_{it}\}$ 服從一個穩定的一階自迴歸過程 $u_{it} = \rho u_{it-1} + v_t, v_t \text{ iid}$,那麼可以得到 $\Omega = E(U_iU_i') + \sigma_c^2 J_T J_T', E(U_iU_i') =$

$$\hat{\sigma}_u^2 \begin{pmatrix} 1 & \rho & & & \rho^{T-1} \\ \rho & 1 & \ddots & & \\ & \ddots & \ddots & \ddots & \\ & & \ddots & 1 & \rho \\ \rho^{T-1} & & & \rho & 1 \end{pmatrix},$$

則 Ω 只有 ρ, σ_c^2 和 σ_u^2 三個關於 t 的未知特徵參數,從而也能得到更好的 $\hat{\beta}_{RE}$(其中 ρ 的估計採用序列相關常用的 CO 迭代法,略)。

2. FE 中的 $\widehat{\beta}_{FE}$ 估計

由 FE1 和 FE2 可得：$E(\ddot{u}_{it} \mid X_i) = E(u_{it} \mid X_i) - E(\bar{U}_i \mid X_i) = 0$，因此 POLS 條件成立。

∴ $\ddot{y}_{it}$ on $\ddot{X}_{it}$, $t = 1, \cdots, T$, $i = 1, \cdots, N$, 可得 $\widehat{\beta}_{FE}$。具體做法是：

令 $Q_T = I_T - J_T(J_T'J_T)^{-1}J_T'$，這是一個投影陣，$Q_T$ 對稱且秩 $Q_T = T - 1$。滿足 $Q_T J_T = 0$，$Q_j Y_i = \ddot{Y}_i, Q_T X_i = \ddot{X}_i, Q_T U_i = \ddot{U}_i$。用 Q_T 乘模型 $Y_i = X_i \beta + U_i$，即可得 $\ddot{Y}_i = \ddot{X}_i \beta + \ddot{U}_i$。

再對 $i = 1, \cdots, N$ 取樣，做 POLS 可得：

$$\widehat{\beta}_{FE} = \left(\sum_{i=1}^{N} \ddot{X}_i' \ddot{X}_i\right)^{-1} \left(\sum_{i=1}^{N} \ddot{X}_i' \ddot{Y}_i\right) = \left(\sum_{i=1}^{N} \sum_{t=1}^{T} \ddot{X}_{it}' \ddot{X}_{it}\right)^{-1} \left(\sum_{i=1}^{N} \sum_{t=1}^{T} \ddot{X}_{it}' \ddot{Y}_{it}\right)$$

3. RE 與 FE 比較中的隨機效果變換與更小方差證明

因為隨機效果結構是 $\Omega = \sigma_u^2 I_T + \sigma_c^2 J_T J_T'$。注意到 $J_T'J_T = T$：

∴ $\Omega = \sigma_u^2 I_T + T\sigma_c^2 J_T(J_T'J_T)^{-1}J_T' = \sigma_u^2(P_T + Q_T) + T\sigma_c^2 P_T = (\sigma_u^2 + T\sigma_c^2)(P_T + \eta Q_T)$

其中 $P_T = I_T - Q_T = J_T(J_T'J_T)^{-1}J_T'$，$\eta = \dfrac{\sigma_u^2}{\sigma_u^2 + T\sigma_c^2}$

定義 $S_T = P_T + \eta Q_T$，那麼 $S_T^{-1} = P_T + \dfrac{1}{\eta} Q_T$（注意 $P_T Q_T = 0$）

所以：

$$S_T^{-\frac{1}{2}} = P_T + \frac{1}{\sqrt{\eta}} Q_T = P_T + \frac{1}{\sqrt{\eta}}(I_T - P_T) = \frac{1}{\sqrt{\eta}}[I_T - (1 - \sqrt{\eta})P_T]$$

$$= \frac{1}{1 - \lambda}(I_T - \lambda P_T) \quad \lambda = 1 - \sqrt{\eta} = 1 - \left(\frac{\sigma_u^2}{\sigma_u^2 + \sigma_c^2}\right)^{\frac{1}{2}}$$

因此，$\Omega^{-\frac{1}{2}} = (\sigma_u^2 + T\sigma_c^2)^{-\frac{1}{2}} \dfrac{1}{1 - \lambda}[I_T - \lambda P_T] = \dfrac{1}{\sigma_u}[I_T - \lambda P_T]$。

設 X_{it} 中只包含時間變化的因素，不包含關於時間常數的因素。那麼，$\mathrm{Avar}(\widehat{\beta}_{FE}) = \dfrac{\sigma_u^2}{N} E(\ddot{X}_i' \ddot{X}_i)^{-1}$, $\ddot{X}_i = X_{it} - \bar{X}_i$；$\mathrm{Avar}(\widehat{\beta}_{RE}) = \dfrac{\sigma_u^2}{N} E(\widetilde{X}_i' \widetilde{X}_i)^{-1}$, $\widetilde{X}_i = X_{it} - \lambda \bar{X}_i$。

∴ $E(\widetilde{X}_i' \widetilde{X}_i)^{-1} - E(\ddot{X}_i' \ddot{X}_i)^{-1} = E X_i'(I_T - \lambda P_T)X_i - E X_i'(I_T - P_T)X_i$
$\qquad\qquad\qquad\qquad\qquad = (1 - \lambda) E(X_i' P_T X_i) = (1 - \lambda) E(\bar{X}_i' \bar{X}_i) > 0$

∴ $\mathrm{Avar}(\widehat{\beta}_{RE})^{-1} - \mathrm{Avar}(\widehat{\beta}_{FE})^{-1}$ 是正定的。

∴ $\mathrm{Avar}(\widehat{\beta}_{FE}) - \mathrm{Avar}(\widehat{\beta}_{RE})$ 是正定的，得證。

參考文獻

[1] 伍德里奇. 橫截面與面板數據的經濟計量分析 [M]. 王忠玉, 譯. 北京: 中國人民大學出版社, 2007.

[2] AMEMIYA, TAKESHI. Regression Analysis when the Dependent Variable Is Truncated Normal [J]. Econometrica, 1973, 41 (6): 997.

[3] AMEMIYA T. The nonlinear two-stage least-squares estimator [J]. Journal of Econometrics, 1974, 2 (2): 105-110.

[4] ANGRIST J D. Lifetime Earnings and the Vietnam Era Draft Lottery: Evidence from Social Security Administrative Records [J]. American Economic Review, 1990, 80 (3): 313-336.

[5] ANGRIST J D, IMBENS G W. Two-Stage Least Squares Estimation of Average Causal Effects in Models with Variable Treatment Intensity [J]. Journal of the American Statistical Association, 1995, 90 (430): 431-442.

[6] BALTAGI B H. Simultaneous equations with error components [J]. Journal of Econometrics, 1981, 17 (2): 189-200.

[7] BALTAGI B H, LI Q. Testing AR (1) Against MA (1) Disturbances in an Error Component Model [J]. Journal of Econometrics, 1995, 68 (1): 133-151.

[8] CHAMBERLAIN G. Econometrics Issue Analysis of Covariance with Qualitative Data [J]. The Review of Economic Studies, 1980, 47 (1): 225-238.

[9] CHAMBERLAIN G. Multivariate Regression Models for Panel Data [J]. Journal of Econometrics, 1982, 18 (1): 5-46.

[10] CHAMBERLAIN G. Asymptotic efficiency in estimation with conditional moment re-

strictions [J]. Journal of Econometrics, 1987, 34 (3): 305-334.

[11] TRUMBULL, CORNWELL WILLIAM N. Estimating the Economic Model of Crime with Panel Data [J]. The Review of Economics and Statistics, 1994, 76 (2): 360-366.

[12] CORNWELL C, SCHMIDT P, WYHOWSKI D J. Simultaneous Equations and Panel Data [J]. Journal of Econometrics, 1992, 51 (1-2): 151-181.

[13] DAVIDSON R, MACKINNON J G. A New Form of the Information Matrix Test [J]. Econometrica, 1992, 60 (1): 145.

[14] DAVIDSON R, MACKINNON J G. Convenient specification tests for logit and probit models [J]. Journal of Econometrics, 1984, 25 (3): 241-262.

[15] DEHEJIA R H, WAHBA S. Causal Effects in Non-Experimental Studies: Re-Evaluating the Evaluation of Training Programs [J]. Social Science Electronic Publishing, 1998, 6586.

[16] DUSTMANN C. Selection Correction in Panel Data Models: An Application to Labour Supply and Wages [J]. Iza Discussion Papers, 2000.

[17] PAARSCH D H J. Identification, Estimation, and Testing in Parametric Empirical Models of Auctions within the Independent Private Values Paradigm [J]. Econometric Theory, 1996, 12 (3): 517-567.

[18] ELBERS C, RIDDER G. True and Spurious Duration Dependence: The Identifiability of the Proportional Hazard Model [J]. Review of Economic Studies, 1982, 49 (3): 403-409.

[19] EL-SAYYAD G M. Bayesian and classical analysis of Poisson regression [J]. Journal of the Royal Statistical Society, 1973, 35 (3): 445-451.

[20] ENGLE R F. Autoregressive Conditional Heteroscedasticity with Estimates of the Variance of United Kingdom Inflation [J]. Econometrica, 1982, 50 (4): 987-1007.

[21] EPPLE, DENNIS. Hedonic Prices and Implicit Markets: Estimating Demand and Supply Functions for Differentiated Products [J]. Journal of Political Economy, 1987, 95 (1): 59-80.

[22] ESTRELLA, ARTURO. A New Measure of Fit for Equations With Dichotomous Dependent Variables [J]. Journal of Business & Economic Statistics, 1998, 16 (2): 198-205.

[23] EVANS W N, OATES W E, SCHWAB R M. Measuring Peer Group Effects: A Study of Teenage Behavior [J]. Journal of Political Economy, 1992, 100 (5): 966-991.

[24] SCHMIDT L P. A Test of the Tobit Specification Against an Alternative Suggested by Cragg [J]. The Review of Economics and Statistics, 1984, 66 (1): 174-177.

[25] FOSTER A D, ROSENZWEIG M R. Learning by Doing and Learning from Others: Human Capital and Technical Change in Agriculture [J]. Journal of Political Economy, 1995,

103（6）：1176-1209.

［26］FRIEDBERG L. Did unilateral divorce raise divorce rates? Evidence from panel data［J］. American Economic Review, 1998, 88（3）：608-627.

［27］GAREN J. The Returns to Schooling: A Selectivity Bias Approach with a Continuous Choice Variable［J］. Econometrica, 1984, 52（5）：1199-1218.

［28］HAAVELMO T. The Statistical Implications of a System of Simultaneous Equations［J］. Econometrica, 1943, 11（1）：1-12.

［29］HAHN J, AMEMIYA T, GALLANT A R, et al. How informative is the initial condition in the dynamic panel model with fixed effects?［J］. Journal of Econometrics, 1999, 93（2）：309-326.

［30］HAJIVASSILIOU V A, RUUD P A. Chapter 40 Classical estimation methods for LDV models using simulation［J］. Handbook of Econometrics, 1994, 4：2383-2441.

［31］HAUSMAN J, MCFADDEN D. Specification Tests for the Multinomial Logit Model［J］. Econometrica, 1981, 52（5）：1219-1240.

［32］HAUSMAN J A, TAYLOR N W E. Efficient Estimation and Identification of Simultaneous Equation Models with Covariance Restrictions［J］. Econometrica, 1987, 55（4）：849-874.

［33］HECKMAN J J. Dummy Endogenous Variables in a Simultaneous Equation System［J］. Econometrica, 1978, 46（4）：931-959.

［34］IMBENS G, LANCASTER T. Efficient Estimation and Stratified Sampling［J］. Papers, 1991, 74（2）：289-318.

［35］KAKWANI N C. The Unbiasedness of Zellner's Seemingly Unrelated Regression Equations Estimators［J］. Publications of the American Statistical Association, 1967, 62（317）：141-142.

［36］LEMIEUX T. Estimating the Effects of Unions on Wage Inequality in a Panel Data Model with Comparative Advantage and Nonrandom Selection［J］. Journal of Labor Economics, 1998, 16（2）：261-291.

［37］LEVITT S. Using Electoral Cycles in Police Hiring to Estimate the Effect of Policeon Crime［J］. American Economic Review, 1997, 87（3）：270-290.

［38］MACKINNON J G, WHITE H. Some heteroskedasticity-consistent covariance matrix estimators with improved finite sample properties［J］. Journal of Econometrics, 1985, 29（3）：305-325.

［39］MCDONALD J B. An application and comparison of some flexible parametric and semi-parametric qualitative response models［J］. Economics Letters, 1996, 53（2）：145-152.

[40] MEYER, BREED D. Natural and Quasi-Experiments in Economics [J]. Journal of Business & Economic Statistics, 1995, 13 (2): 151-161.

[41] NEWEY, WHITNEY K. Maximum Likelihood Specification Testing and Conditional Moment Tests [J]. Econometrica, 1985, 53 (5): 1047.

[42] ORME C. The small-sample performance of the information-matrix test [J]. 1990, 46 (3): 309-331.

[43] PAGE M. Racial and Ethnic Discrimination in Urban Housing Markets: Evidence from a Recent Audit Study [J]. Journal of Urban Economics, 1995, 38 (2): 183-206.

[44] POLACHEK S W, KIM M K. Panel estimates of the gender earnings gap: Individual-specific intercept and individual-specific slope models [J]. Journal of Econometrics, 1994, 61 (1): 23-42.

[45] QIAN H, SCHMIDT P. Improved instrumental variables and generalized method of moments estimators [J]. Journal of Econometrics, 1999, 91 (1): 145-169.

[46] RAMSEY J B. Tests for Specification Errors in Classical Linear Least-Squares Regression Analysis [J]. Journal of the Royal Statistical Society, 1969, 31 (2): 350-371.

[47] STAIGER D, STOCK J H. Instrumental Variables Regression with Weak Instruments [J]. Econometrica, 1997, 65 (3): 557-586.

[48] TERZA J V. Estimating count data models with endogenous switching: Sample selection and endogenous treatment effects [J]. Journal of Econometrics, 1998, 84 (1): 129-154.

[49] WOOLDRIDGE J M. On the Application of Robust, Regression-Based Diagnostics to Models of Conditional Means and Conditional Variances [J]. Journal of Econometrics, 1991, 47 (1): 5-46.

[50] WOOLDRIDGE J M. Asymptotic Properties of Weighted M-Estimators for Standard Stratified Samples [J]. Econometric Theory, 2001, 17 (2): 451-470.

[51] ZILIAK, JAMES P. Efficient Estimation With Panel Data When Instruments Are Predetermined: An Empirical Comparison of Moment-Condition Estimators [J]. Journal of Business & Economic Statistics, 1997, 15 (4): 419-431.

國家圖書館出版品預行編目（CIP）資料

計量經濟學 / 陳昊, 袁強 編著. -- 第一版.
-- 臺北市：財經錢線文化, 2020.05
　　面；　公分
POD版

ISBN 978-957-680-403-8(平裝)

1.計量經濟學

550.19　　　　　　　　　　　　109005510

書　　名：計量經濟學
作　　者：陳昊, 袁強 編著
發 行 人：黃振庭
出 版 者：財經錢線文化事業有限公司
發 行 者：財經錢線文化事業有限公司
E-mail：sonbookservice@gmail.com
粉絲頁：　　　　　　　網址：
地　　址：台北市中正區重慶南路一段六十一號八樓 815 室
8F.-815, No.61, Sec. 1, Chongqing S. Rd., Zhongzheng Dist., Taipei City 100, Taiwan (R.O.C.)
電　　話：(02)2370-3310　傳　真：(02) 2388-1990
總 經 銷：紅螞蟻圖書有限公司
地　　址：台北市內湖區舊宗路二段 121 巷 19 號
電　　話：02-2795-3656　傳真：02-2795-4100　　網址：
印　　刷：京峯彩色印刷有限公司（京峰數位）

　本書版權為西南財經大學出版社所有授權崧博出版事業股份有限公司獨家發行電子書及繁體書繁體字版。若有其他相關權利及授權需求請與本公司聯繫。

定　　價：250 元
發行日期：2020 年 05 月第一版
◎ 本書以 POD 印製發行